北京电影学院精品系列教材

播音主持语音发声

王秋硕 ◎ 著

中国国际广播出版社

图书在版编目（CIP）数据

播音主持语音发声 / 王秋硕著. —北京：中国国际广播出版社，2022.6

ISBN 978-7-5078-5158-8

Ⅰ. ①播… Ⅱ. ①王… Ⅲ. ①播音员－发声法 ②主持人－发声法 Ⅳ. ①G222.2

中国版本图书馆CIP数据核字（2022）第104734号

播音主持语音发声

著　　者	王秋硕
责任编辑	万晓文
校　　对	张　娜
版式设计	邢秀娟
封面设计	赵冰波

出版发行	中国国际广播出版社有限公司［010-89508207（传真）］
社　　址	北京市丰台区榴乡路88号石榴中心2号楼1701
	邮编：100079
印　　刷	天津市新科印刷有限公司

开　　本	710×1000　1/16
字　　数	250千字
印　　张	16
版　　次	2022年8月 北京第一版
印　　次	2022年8月 第一次印刷
定　　价	58.00元

版权所有　盗版必究

序

读完秋硕新作，个人以为有如下三个特点。

一是"精"，即行文语言精练，所涉理论精讲，有效实例精练，指导方法精确。

二是"全"，即语音发声相关内容较全面，训练实例覆盖范围较全面。

三是"专"，即一些语音发声相关领域的专业内容深入浅出有介绍，一些历来"语焉不详""只知其然"的模糊内容条分缕析有解释。

综合而言，本书具有一定的理论性、高度的实用性、广泛的适用性以及"正本清源"的专业价值。

语音发声是播音主持有声语言创作中的基础，唯有将这一"工具"打造成精锐利器，方能实现在有声语言艺术世界中所向披靡的可能。播音主持语言是有声语言艺术中的重要代表，其对发声方法的科学、吐字发音的精确等方面应当说具有最高标准的要求。虽然有声语言艺术形式百花齐放，但基础的发声吐字技巧是基本相通的。本书不仅适用于播音与主持艺术专业的教、学、研等领域，对表演台词艺术、影视配音艺术、舞台朗诵艺术等有声语言艺术形式的语音发声教、学、练亦有重要的参考价值。有声语言艺术的爱好者、想要提升语音面貌的人都可以利用本书进行学习与练习。

北京电影学院播音与主持艺术本科专业于2018年申请备案，2019年获批，2022年正式招生，秋硕于此间做了大量工作。如今，这本书又将成为北京电影学院播音与主持艺术本科专业的首部教材。作为北京电影学院的一个"老人",祝福北京电影学院的"新人"和新专业一路向上、共同成长,我也愿意与他们携手共进、一起向未来!

程樯

2022年元旦于北京电影学院视听传媒学院

前 言

本书内容大致有四部分。

绪论部分介绍了语言学、语音学、方言与普通话等相关知识，这是与语音发声密切相关的领域，但在相关教材或论著中少有提及，内容虽然精简却有一定的系统性与学理价值。

主体前三部分基础与前提、标准与美化、变化与表达为语音发声相关内容，按照发声吐字的先后逻辑进行了大致归并，改变了历来相关教材或论著将语音与发声部分分开阐述的现象。如此归并虽未必完全"科学"，却可以避免割裂原本一体的语音与发声以及教学中的重三叠四、来回来去，有利于"教"的开展与"学"的理解。

主体第四部分为普通话水平测试与播音员主持人资格考试口试相关内容，这"双证"是播音员主持人的基本从业标准，确实应从语音发声学习阶段便引起重视。同时，普通话水平测试等级证书还是多行业工种必需的"技能"证书，亦是有声语言艺术工作者必要的能力证明。

主体第五部分为练声手册，力图廓清一些练声的相关问题，指出正确有效的练声路径，应当说这一部分具有较强的现实指导意义。

写作这本书的核心目的为科学发声、科学练声、科学用声。

"用声"在练声手册中有所提及但无须赘述，全因如若发声、练声都做到了科学有效，那么用声自然"得心应口"，在某种层面而言起到了护嗓之效；如若单说科学用声，因个体差异实在太大，理应根据各人身体状况、耐受能力护嗓用声，适合自己的便是科学的。

发声与练声的"科学"主要体现于方法的正确、准确、有效。正确是指方法本是对的,准确是指方法必须"对症",有效则是指最终结果的优良呈现,三者缺一不可。书中所呈现的所有方法,来自我的博士生导师张颂先生、硕士生导师马玉坤教授及诸多授业恩师,还有我个人的思考总结,凝聚了播音主持学界几代人的心血智慧,也是被事实所证明了的简便易行、行之有效的科学方法。而问题的症结、方法的选择则需要个人感悟与教师点拨的合力,二者缺一不可。有了正确且准确的方法,加之坚持不懈的练习,方能获得令人满意的效果。

播音主持有声语言是艺术语言中最具代表性的品类之一,且对于不同的艺术语言形式而言,语音发声是具有共通性的基础环节。虽然本书的主要对象是播音主持艺术的学习者、从业者、教研者,但是对于播音、朗诵等艺术语言形式同样具有有效的参考价值。

希望这本书能够成为教与学的桥梁,希望广大的播音主持艺术从业者、有声语言艺术工作者、有声语言表达爱好者都能够开卷有得!

目　录

绪　论 / 001

🎤 第一部分　基础与前提

第一章　语音形成 / 007

　　第一节　声波的相关概念 / 007

　　第二节　语音的发音机制 / 008

　　第三节　语音的接收感知 / 011

第二章　喉部控制 / 013

　　第一节　提高喉部发声能力 / 013

　　第二节　实践放松发声方法 / 014

　　第三节　避免喉部发声问题 / 016

第三章　呼吸原理 / 018

　　第一节　呼吸器官 / 018

　　第二节　呼吸方式 / 019

第四章　气息控制 / 022

　　第一节　气息控制的要求 / 022

第二节　气息控制的特点 / 024

第三节　气息控制的训练 / 025

第二部分　标准与美化

第一章　音素 / 031

第一节　音素 / 031

第二节　元音 / 033

第三节　辅音 / 040

第二章　音位 / 054

第一节　音位 / 054

第二节　《汉语拼音方案》/ 056

第三节　普通话的音位 / 059

第三章　音节 / 062

第一节　音节 / 062

第二节　声母 / 065

第三节　韵母 / 070

第四节　声韵配合 / 087

第四章　声调 / 091

第一节　声调 / 091

第二节　入声 / 092

第三节　普通话的声调 / 093

第五章　吐字归音 / 097

第一节　吐字归音的特点 / 097

第二节　吐字归音的要求 / 098

　　　　第三节　吐字归音的方法 / 100

第六章　口腔控制 / 103

　　　　第一节　咬字与咬字器官 / 103

　　　　第二节　口腔控制的要领 / 105

　　　　第三节　口腔控制的训练 / 107

第七章　共鸣控制 / 110

　　　　第一节　共鸣与共鸣器官 / 110

　　　　第二节　共鸣控制的特点 / 112

　　　　第三节　共鸣控制的训练 / 114

第三部分　变化与表达

第一章　音变 / 119

　　　　第一节　语流音变 / 119

　　　　第二节　轻声 / 121

　　　　第三节　儿化 / 129

　　　　第四节　轻重格式 / 134

　　　　第五节　音变 / 137

　　　　第六节　变调 / 138

第二章　语调 / 144

　　　　第一节　语调 / 144

　　　　第二节　语势 / 145

　　　　第三节　语调的训练 / 146

第三章　声音弹性 / 150

　　　　第一节　声音弹性的特点 / 150

第二节　声音弹性的获得 / 152

第三节　声音弹性的训练 / 153

第四章　情声气结合 / 161

第一节　情声气的要求 / 161

第二节　情声气的关系 / 163

第三节　情声气的训练 / 163

第四部分　普通话水平测试与播音员主持人资格考试口试

第一章　普通话水平测试 / 169

第一节　普通话水平测试概述 / 169

第二节　普通话水平测试指要 / 170

第三节　普通话水平测试样卷 / 172

第二章　播音员主持人资格考试口试 / 175

第一节　播音员主持人资格考试口试概述 / 175

第二节　播音员主持人资格考试口试指要 / 176

第三节　播音员主持人资格考试口试样卷 / 178

第五部分　练声手册

练声问题辨正 / 183

练声方案示例 / 185

附　录 / 193

　　中华人民共和国国家通用语言文字法 / 193

　　普通话水平测试等级标准（试行）/ 197

　　普通话水平测试管理规定 / 198

　　普通话水平测试大纲 / 201

　　广播电视编辑记者、播音员主持人资格管理暂行规定 / 207

　　广播电视编辑记者、播音员主持人资格考试办法（试行）/ 212

　　广播电视编辑记者、播音员主持人执业资格注册办法（试行）/ 217

　　2022年全国广播电视编辑记者、播音员主持人资格考试大纲 / 221

主要参考书目 / 239

后　记 / 240

绪　论

播音员主持人是广播电视及互联网新媒体语言传播链条中的最后一环，是驾驭节目进程的人，其不仅肩负传达信息、引领提升的使命，还是标准普通话的示范者和推广者。《中华人民共和国宪法》第十九条规定：国家推广全国通用的普通话。《中华人民共和国国家通用语言文字法》规定：普通话是国家通用语言。同时，国家规定省级及以上媒体播音员主持人普通话水平需达到一级甲等，播音员主持人资格考试口试需达到A级；地市级媒体播音员主持人普通话水平需达到一级乙等，播音员主持人资格考试口试需达到B级。可以说，普通话是播音主持工作最重要的"利器"，语音发声则是准播音员主持人必须通过的专业基础核心关之一。因此，了解语言学、语音学、方言学的相关知识，学习汉语普通话的系统知识，熟练掌握并运用标准的普通话以及科学的发声方法进行播音主持有声语言创作，是职业要求，更是使命责任。

一、语言与语言学

语言，从其本质属性上来看，是人类特殊的社会现象。它为全体社会成员服务，既是思想的现实，也是交际的工具。语音、词汇、语法构成了语言的三要素，其中语音是物质外壳，词汇是组合项目，语法是结构规律，三者存在于"语言"这一共同体中。

换一个角度来看，语言是音义结合的符号系统，其声音和意义是紧密联系在一起的。能够代表或指称现象的语言符号必须是形式和意义的结合，但这二者之间没有必然的联系，而是社会约定俗成的；一旦经过约定俗成进入交际之后，音、义、符号规则/语法等便对使用者具有强制性，不得随意更改。

语言，即语言符号系统，具有明晰性、开放性、传授性等特征，是人类所特有的，也是其他动物和人类之间无法逾越的鸿沟。而要掌握语言必须要有抽象思维的能力和发音的能力；语言环境对潜在的语言能力变为现实的语言能力或者维持已经具备的语言能力都起着决定性的作用。

语言学是以语言作为研究对象的一门独立学科，既古老也年轻，既与社会科学联系密切，也与自然科学密切联系。运用语言传递信息、进行交际的过程，可以大致分为编码、发送、传递、接收、解码五个阶段，其中编码和解码是两个根本环节。

语言学的基本任务是研究语言的结构规律和演变规律，语音、词汇、语法、文字、语言起源、语言发展、语言功能等都是其研究对象。而从侧重面来分，语言学则有理论语言学、应用语言学、具体语言学、普通语言学、共时语言学、历时语言学等分支学科。

二、语音与语音学

语音，即语言的声音，是语言符号系统的载体，是人类发音器官发出来的、具有一定意义的、能起社会交际作用的声音。文字是记录语言的符号，有声语言的出现先于文字。语音是语言的物质基础，如果没有语音，语言就失去了所依附的客观实体。人类哪怕在默读时也有语音的存在，因为大脑和发音器官会有相应的变化。

语音具有物理属性、生理属性、社会属性。物理属性即语音四要素，分别是音高、音长、音强和音色/音质。生理属性指语音发出、开口说话的活动与发音器官、发音部位、发音方法等有关。社会属性指语音作为一种社会现象，与社会心理、社会发展等密切相关。

音高即声音的高低，取决于发音体的形状及振动频率的快慢。音长即声音的长短，取决于发音体振动持续时间的长短。音强即声音的强弱，取决于振幅的大小，即与发音时用力大小有关。音色，也叫音质，即声音的品质或个性，音质的不同源于发音体、发音方法、共鸣器形状等的不同。

语音学是语言学的一个分支学科，也是语言学的基础学科、入门学科，主要研究语言的发音机制、语音特征、交际中的变化等内容。传统语音学主要关注音位系统、发音器官、发音状态、语音特征等；实验语音学重点研究生理语音学、声学语音学、感知语音学等；音系学侧重于研究音系生成、区别特征等。

语言交际的编码、发送、传递、接收、解码五个阶段，分别对应的是心理现象、生理现象、物理现象、生理现象、心理现象，简单来说就是发音—传递—感知的过程，这也就是现代实验语音学的三个主要分支，即生理语音学、声学语音学、感知语音学。

语音学具有重要的应用价值。其一，语音学可以在推广普通话、调查汉语方言和少数民族语言、汉语教学等方面发挥作用。其二，语音学对于艺术语言训练具有十分重要的作用，如播音、主持、朗诵等。其三，语音学在语言矫治、通信工程、人工智能、语音识别等科技领域也发挥着重要作用。

三、方言与普通话

普通话，是以北京语音为标准音、以北方方言为基础方言、以典范的现代白话文著作为语法规范的现代汉民族共同语。普通话不仅是现代汉民族共同语，还是中华人民共和国各民族通用语言。

方言是局部地区的人所使用的语言，主要有地域方言和社会方言两大类别，一般所说"方言"即地域方言。比较常见的方言分区是将中国分为七大方言区，即北方方言区、吴方言区、湘方言区、赣方言区、客家方言区、闽方言区、粤方言区。值得注意的是，由于中国地域的广大和方言的复杂，方言区的划分并非一家之言。比如闽南和闽北的方言之间基本不能通话，可以看作两个方言区。山西部分地区方言与江淮官话有入声，不同于北方方言区的其他官话，因此也可将其单列为晋方言与江淮方言。

从1913年读音统一会审定6500多个汉字标准音，到1955年"普通话"正式定名，再到1982年将推广普通话写进《中华人民共和国宪法》，几十年间普通话已经成为通用的民族共同语。但是，推广普通话不是禁绝和消灭少数民族语言和方言，而是要消除交际中的隔阂。方言有其特定的交际价值和文化价值，也是普通话的重要营养，语言生活应当是主体化和多样化的结合。我国的语言规划正是以推广普通话、现代汉语规范化、语文标准化为主要内容，以发挥语言功能、消除交流障碍、提高交际效率、促进语言发展、增强民族团结、巩固国家统一为目标。

小　结

自1963年北京广播学院设置中文播音专业至今，中国播音学已经走过了半个多世纪的历程。这是学科走向成熟、独立的五十年，筚路蓝缕、平地楼台，从隶属中文、语言学及应用语言学、广播电视语言传播等专业，到成为"艺术"门类下"戏剧与影视"的二级学科"播音与主持艺术"，中国播音学可谓累足成步、"修成正果"，最终证明了学科的独立性。作为一门新兴/交叉/边缘学科，其以哲学/美学、中国语言文学、新闻传播学、戏剧与影视学这四大学科群为自己的支撑，博采众长、兼容并包，专业建设、学科体系等日益成熟。语音发声是学科体系中的基础一环，亦是专业核心课程之一。对于有声语言艺术工作者尤其是播音员主持人而言，说好标准的普通话并科学用声是从业基础，由规范空间到审美空间的飞跃更应是有声语言传播中的职业追求！

第一部分

基础与前提

这一部分主要内容为语音形成与喉部控制、呼吸原理与气息控制,其中涉及播音主持语音发声的物理基础、心理基础和一部分生理基础。

第一章　语音形成

第一节　声波的相关概念

一、声源和声波

声音的传播需要两个重要条件：一个是声源，也就是通过振动从而发出声音的物体；另一个是介质，对于声音传播来说空气是最重要的媒介物质。声源的振动引起空气的振动，由此产生的振动波就是声波。声波传入人耳，使得鼓膜也产生同样的振动，人因此听见了声音。

二、振幅和频率

振幅是空气质点离开平衡位置时的最大偏移量，简单来说就是声音质点的振动幅度，其决定着声音的强弱。空气质点振幅大，声音就强；反之振幅小，声音就弱。振幅和语音四要素之一的音强有关。振幅单位是分贝（dB）。

频率是声波每秒振动的周期次数。声波振动的周期短，波长也就相应短，振动的速度自然就快、次数就多，听起来声音就高。频率和语音四要素之一的音高有关。频率单位是赫兹（Hz）。人耳所能听到的声音频率在20Hz~20000Hz之间。男性的声音频率一般在80Hz~200Hz之间，女性则可高达400Hz。音高和发音体形状以及振动频率有关，一般来说，男性的声音相对低沉，声带相对厚而长，而女性的声音相对高亮，声带相对薄而短；声带越厚越长，振动频率越低，声音越低沉，而声带越薄越短，振动频率越高，声音也就越高。

三、基音和泛音

声音大多是由许多频率不同的纯音复合构成的，其中频率最低、振幅最大的叫作基音，而频率是基音整数倍的则称为泛音。人的声音不是简单的一个固定频率，而是基音和泛音的叠加，可以这样理解，基音决定音高，而泛音决定音色。泛音越丰富，声音越饱满。要想获得丰富的泛音、饱满的音色，则需要学习共鸣控制，共鸣可以大大改变泛音的构成。

第二节　语音的发音机制

一、语音来源

语音有三种来源，即浊音声源、紊音声源和瞬音声源。

（一）浊音声源

气流通过声门时使声带振动，产生周期性声波，就是浊音。浊音最为响亮，是语音中最为重要的声源。元音和浊辅音属于浊音声源，如a、o、m、n等。

（二）紊音声源

发音器官的某个部分紧缩成非常狭窄的通路，气流通过时形成紊乱的湍流，就是紊音。擦音属于紊音声源，如f、s、sh、h等。

（三）瞬音声源

发音器官的某个部分紧缩到完全不让气流通过，使气流产生较强的压力后突然放开，气流瞬时冲出去，产生一种非常短暂的瞬时爆破音，就是瞬音，也叫暂音。塞音和塞擦音爆破属于瞬音声源，如b、p、z、zh等。

二、发音器官

（一）动力基础

呼吸系统是语音的动力基础。呼吸时，肺部所产生的气流作为动力冲击声带，使声带发生振动从而发出声音。肋间肌收缩使肋骨上升，同时横膈膜下降、胸腔空间扩大，肺也随之扩张产生吸气力，反之则产生呼气力。呼气量的大小和语音的强弱密切相关，音强取决于振幅，振幅大小和发音时用力大小有关，而用力则与呼气相关。为了使声音发得响亮，便需要从气息调节开始。肺部对语音所起的作用仅限于此，即提供呼吸的动力。

（二）成音系统

喉头和声带构成成音系统。喉头主要由环状软骨、杓状软骨、甲状软骨以及与其相连的肌肉和韧带组成。环状软骨是喉头的基础软骨，在最下面，上接甲状软骨与杓状软骨，下接气管。甲状软骨形如V形盾甲，构成喉头前壁，一般男性呈50°~90°，女性呈80°~110°，即为喉结。两块杓状软骨前端连着

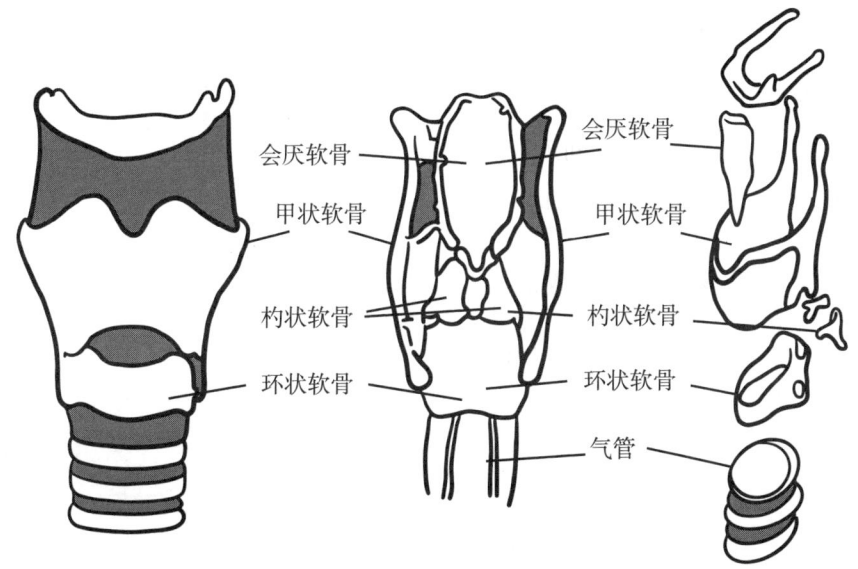

图1　喉部解剖图示

两片声带，底面连于环状软骨后上部，对声门的开合起关键作用。会厌软骨如同一片树叶盖住喉头，吞咽时舌骨下压推动会厌软骨挡住喉头通路以防食物进入喉头或气管，呼吸或说话时会厌软骨打开使得气流畅通。声带是一对唇形的韧带褶，处于喉头的中间。假声带位于声带的上面，在声带振动时对声带起保护作用。

声带的一端合并附在甲状软骨上固定不动，另一端分别附在两块杓状软骨上。平时分开呈V形，当中的空隙叫声门。发声时，两块杓状软骨靠拢，使得声带合并、声门关闭，肺部呼出的气流被隔断从而形成压力冲开声带，声带由此不断振动产生声音。

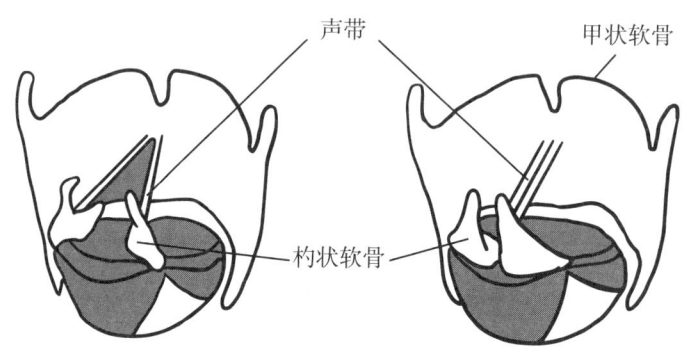

图2 喉头状态图示

在正常呼吸时，声门是敞开的；深呼吸时，声门大开；耳语时，声带基本闭合，两块杓状软骨之间形成三角形的空隙，称为气声门，声音从这里擦出。歌唱时的气声唱法也是同样的原理。

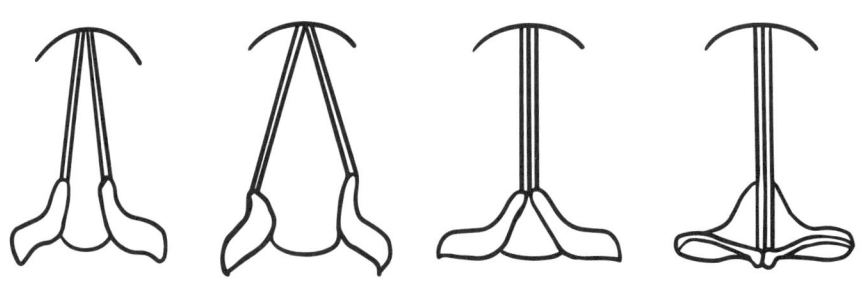

图3 声门状态图示

(三）语音共振腔

由声带振动产生的声带音或者叫喉原音，要通过喉腔、咽腔、口腔、唇腔和鼻腔五个共振腔才传到人的耳朵里。这些腔体合称为声腔。其中，口腔是人类发音器官中最重要的部分，口腔中最重要、最灵活的器官则是舌头。咽腔是人类所特有的，其和口腔、唇腔都是可变共振腔，喉腔和鼻腔为固定共振腔。

第三节 语音的接收感知

一、人耳的构造

人的耳朵可以分为外耳、中耳和内耳三大部分。外耳包括耳郭、耳道、鼓膜等。中耳主要包括听小骨和咽鼓管，听小骨由锤骨、砧骨和镫骨三块组成，咽鼓管起着和外界空气沟通、调节气压的作用。内耳由半规管、前庭以及耳蜗组成，其中半规管起着调节身体平衡的作用，与听觉无关。

鼓膜由于声波的振动而产生共振，振动推动锤骨，锤骨推动砧骨，砧骨推动镫骨，镫骨的底板覆盖在内耳入口的一小块薄膜即前庭窗上，三块听小骨的杠杆作用使得前庭窗压力增大，内耳受到了更大的振动，由此提高了人类的

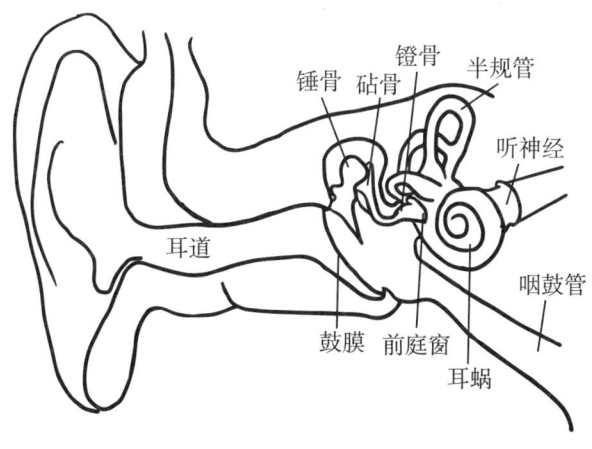

图 4　人耳构造图示

听觉能力。前庭窗后与耳蜗相连，受到振动后，耳蜗里的淋巴液产生变化影响基底膜，基底膜上的毛细胞以不同的弯曲方式刺激听神经纤维，神经细胞产生的电化学脉冲沿着听神经传送至大脑，人类即可感知语音的意义。

二、语音的反馈

人类识别语音的能力是和发音能力密切相关的，多数聋哑人的"哑"是由"聋"造成的。在人发出声音的过程中，大脑指令发音器官发出的声音被自己的听觉器官接收并重新传送回大脑的循环过程就是声音的反馈。

对于学习播音与主持艺术而言，反馈力是一项非常重要的能力。其物理条件是语音声波返回耳膜，生理条件是发音器官动作产生内传导，但除此之外，对于语音的敏锐感知和分辨更为重要。学习语音发声就是要学会分辨正确的和错误的音，尤其是对于自己发不到位或发不正确的音，不但要能识别，还要找准位置和方法，使其发音正确。

第二章　喉部控制

第一节　提高喉部发声能力

一、声带振动状态与声音特性

喉肌作用使声门关闭，呼气肌群挤压肺部，肺部呼出的气流冲击声带，声带振动从而发出声音。声音特性亦即语音四要素。

（一）音高
气息压力越大，声带张力越大，音高越高。

（二）音强
气息压力越大，声带振动幅度越大，音强越强。

（三）音长
音长由声带的振动时间长短决定，和声带的振动状态无直接关系。

（四）音质/音色
未经声道作用/声腔共振之前的喉原音音量极小，伴随一定的泛音，主要取决于声带的厚薄长短，一般称为嗓音音色；经过喉腔、咽腔、口腔、唇腔、鼻腔等声腔共振之后音质产生了变化，则被称为语音音色。声带是先天的，嗓音音色是无法改变的，但是使用方法和训练方法是后天的，语音音色可以改变。播音员主持人的音质经过科学的训练和"加工"之后，可以提高发音能力，使得音质更好、更圆润，声带使用时间更持久。

二、喉部发声能力提高路径

（一）扩展音高音域
【训练路径】

发"啊"音或"咿"音，螺旋式上绕、下绕，或者阶梯式上行、下行，从当前所能发的最低音到最高音，且须是完整的音而非破音，进而在日常练声中循序渐进，不断将低音压到更低、高音发到更高，由此扩展音高音域，以应对不同类型稿件的要求。

（二）扩展音强音域
【训练路径】

就讲解式、谈话式、播报式、宣读式、朗诵式而言，大致音量是依次渐大的。可以设想不同的受众人数、交流距离等，采用不同的表达方式。练声时喊"阿毛"也是与此相关的练习。

（三）加强声音色彩对比变化
【训练路径】

对于播音主持用声来说，以实为主、虚实结合是基本要求。从气声到虚声到虚实声再到实声，对应的感情变化大致是由亲昵到严肃的，可通过不同感情色彩的稿件进行训练。放松发声法可以使声门开闭灵活，声音虚实变化自如，富于表现力。

第二节 实践放松发声方法

一、控制要领

喉部的基本构造和制声原理前文已述，在进行有声语言传播表达时应注意控制喉头，主要归纳起来就是喉头相对稳定与喉头相对放松两个方面。

（一）喉头相对稳定

喉头的位置和声音的最终呈现有着密切的关系。一般来说，喉头位置偏高，音色会脆亮一些；喉头位置偏低，音色相对浑厚一些。值得注意的是，一定不能为了过分追求高亮的音色而提喉，也不能为了过分追求低沉的音色而压喉。播音主持创作用声追求的是自然发声，应当保持喉头的相对稳定，如果在说话的时候喉头上下抖动的幅度过大，那么所表达出来的音色便不够统一，语流便不够顺畅，最终会造成语意的断裂、传播的失效。

【存在问题】

提喉/挤喉

【具体表现】

因平时说话声音较低沉而在播音主持时故意抬高音调，或者为长期固有说话习惯，导致泛音较少、声音单薄、疏于变化、不够自然。女生中多见。

【解决方案】

前期：发"啊"音或"咿"音，螺旋式上绕、下绕，或者阶梯式上行、下行，从当前所能发的最低音到最高音，且须是完整的音而非破音。在这样的过程中找到自己发音发得最舒服也是听者听得最舒服的位置，以此为高低的平衡轴，根据表达内容在此平衡轴上下浮动。

后期：结合稿件，练习相对深沉的稿件，如讣告、灾害新闻等。

【存在问题】

压喉

【具体表现】

因平时说话声音较脆亮而在播音主持时故意压低音调，或者为长期固有说话习惯，导致声音过低、声带疲劳甚至病变。男生中多见。

【解决方案】

前期：发"啊"音或"咿"音，螺旋式上绕、下绕，或者阶梯式上行、下行，从当前所能发的最低音到最高音，且须是完整的音而非破音。在这样的过程中找到自己发音发得最舒服也是听者听得最舒服的位置，以此为高低的平衡轴，根据表达内容在此平衡轴上下浮动。

后期：结合稿件，练习相对明快高亢的稿件，如贺电、贺信、文娱新闻等。

（二）喉头相对放松

如果在表达时喉部过于紧张，会使声音大而直，显得笨拙不灵；而如果过于松懈，又会使声音散而暗甚至沙哑，显得态度随意。喉头放松，声带自如振动，可以产生丰富的泛音并使音色圆润、嗓音持久。值得注意的是，播音主持时的喉头放松不同于生活中的随性、懒散，而是应当在初期有意识强控制到后期无意识弱控制之下的放松。

二、实践意义

首先，放松发声法以较小的气流使声带振动，发音效率高，如果喉部紧张用力、声带紧紧闭合，那么冲破声带所需气流便更大，发音更"硬"，声带也更易疲劳。

其次，放松发声法可以使声音通畅、泛音丰富，音色更显丰满柔和，能够较长时间地发出圆润的声音而不感觉疲劳；同时，还可以使声门灵活开闭，声音虚实变化自如，富于表现力。

再次，放松发声法可以使表达自然亲切，较为接近日常说话的状态，相较于曾经"高平空"式的播音和"假硬作"式的主持，亲切柔和的播报式播音和真实自然的节目主持才是正确取向，也更为当下受众所接受。

第三节 避免喉部发声问题

【存在问题】

虚

【具体表现】

发声时声带不闭合，带有大量气声，导致漏气多、音量小、效率低、表达含混、疏于变化、不够真实。

【解决方案】

通过不同感情色彩的稿件进行对比训练。可从情绪激昂、气势磅礴的稿件入手，如《满江红》《中华世纪坛赋》等；再找对比的感觉，如《致橡树》《我的南方和北方》等。

【存在问题】

喊

【具体表现】

发声时声门紧闭，气流总是冲出，导致气冲声硬、缺乏弹性、疏于变化、难以持久。

【解决方案】

通过不同感情色彩的稿件进行对比训练。可从情感细腻、柔和婉约的稿件入手，如《虞美人·春花秋月何时了》《荷塘月色》等；再找对比的感觉，如《致橡树》《我的南方和北方》等。

【存在问题】

假

【具体表现】

假声成分多，听感如戏剧道白，导致表达随意跳脱、缺乏受众黏性、缺少真情实感。

【解决方案】

通过真实可感的新闻稿件进行训练，找到以实为主、虚实结合的用声方式。

第三章 呼吸原理

第一节 呼吸器官

一、呼吸通道

吸气时，空气由鼻/口进入咽腔（细分为鼻咽、口咽和喉咽）后进入喉腔，通过气管、支气管后到达肺部，而呼气时则遵循相反的路径。

二、呼吸器官

呼吸器官主要由肺、胸腔和膈肌/横膈膜三部分组成。肺在上，膈肌在肺的下方，膈以上是胸腔，膈以下是腹腔。

肺是呼吸系统中最重要的器官，也是语音发声的动力器官。肺部无法改变自身容积，其表面附着在胸廓内部，可以随着胸廓的扩张/收缩而扩张/收缩，由此使空气进入或排出。

胸腔的外部是胸廓，下部是膈肌，后部是脊柱，前部是胸骨，脊柱两侧伸出十对肋骨弯至胸前与胸骨相连，另有两对不与胸骨相连，由此形成胸腔的空间。吸气时，肋骨向上与向外扩张，增大了胸腔的前后径与左右径，呼气时则肋骨回复原位。

膈肌又称吸气肌，其边缘与肋骨相连，隔开了胸腔和腹腔。吸气时，膈肌收缩下降，胸腔容积上下扩大；同时膈肌压迫腹腔内器官使之向下移动，因此腹壁凸起。呼气时，膈肌上升回复到原位，腹壁亦回复原位。

腹肌又称呼气肌，其收缩时下拉胸廓，使胸腔容积变小、气流被呼出。腹肌收缩时呼气的力量与膈肌下降时吸气的力量产生拮抗，从而可以对呼吸进行控制与调节。

第二节　呼吸方式

一、胸式呼吸

胸式呼吸又称浅呼吸。以吸气抬肩为标志，吸气时肋骨向上向外扩张。日常生活中，浅呼吸在女性群体中较为多见。

在播音主持中，胸式呼吸会造成肩部及胸部的紧张，加重喉部负担，导致发出的声音细窄、轻飘或僵化，也使声带易感疲劳。

二、腹式呼吸

腹式呼吸又称深呼吸。以吸气时腹部放松外凸为标志，吸气时膈肌下降压迫腹腔内器官产生这一现象。日常生活中，人在安静时或平躺时多为腹式呼吸，胸廓运动不明显，主要靠膈肌的收缩与放松，腹壁随之运动。

在播音主持中，腹式呼吸所提供的气息远远不能满足所需，且易造成闷、暗、空的音色，同时，腹肌不起作用亦会导致表达状态难以积极。

三、胸腹联合呼吸

（一）胸腹联合呼吸的基本状态

在播音主持中，应当使用有控制的胸腹联合呼吸。吸气肌群（膈肌、肋间外肌、胸大肌等）不仅在吸气过程中起作用，在呼气过程中与呼气肌群（肋间内肌、腹横肌、腹直肌、腹斜肌等）形成对抗力量，以控制呼出气流的快慢强弱。

吸气时，小腹站定收紧，口鼻同时深深进气，膈肌下降拉开胸腔上下空间的同时，两肋向上向外扩张又增加了胸腔前后和左右的空间，由此全面扩大了胸腔的容积，实现了吸气量的最大化。

呼气时，吸气肌肉群不像日常中那样便马上放松下来，而是继续工作。小腹保持站定收紧状态以维持两肋的扩张，呼气肌肉群收缩力超过扩张力时两肋慢慢回缩，膈肌慢慢上升，气息缓缓流出。呼气过程是在吸气肌肉群与呼气肌肉群相对抗中完成的，呼气是由吸气肌肉群的张力和小腹的收缩共同控制的。

值得注意的是，播音主持用气过程中，小腹始终处于微收的状态，这样产生的腹部压力使膈肌维持一定的张力，同时使两肋有支撑之感，吸气时两肋可以快速扩张。快吸慢呼也正是播音主持呼吸所遵循的规律。

（二）胸腹联合呼吸的优势

首先，胸腹联合呼吸使得吸气时于上下、前后、左右全面扩大了胸腔的空间，保证了播音主持用气的要求。

其次，胸腹联合呼吸建立了胸、膈、腹之间的关系，增强了呼吸的稳健感，有利于气息控制。

再次，胸腹联合呼吸易于产生响亮、坚实的音色，这是有声语言表达时多种音色变化的基础。

（三）胸腹联合呼吸的特点

胸腹联合呼吸的总体特点可以概括为：吸气时，小腹微收，气息下沉，两肋扩张；呼气时，小腹保持微收以牵制膈肌与两肋不能迅速回弹，随着气流的缓缓呼出，膈肌与两肋慢慢回复自然状态，小腹逐渐放松但仍不失去控制的感觉。

值得注意的是，播音主持用气灵活，可根据需要调整呼吸的深浅强弱，既不是呼吸随意无法，也不是吸气越多越好，根据表达内容"用多少吸多少"才是根本原则。当然，这样游刃有余的状态需要长期的、大量的练习、实践、感受、揣摩才能获得。

播音主持用气相比于日常说话用气更显可控，相比于声乐、戏曲等艺术形式又显强度适中。尤其是小腹的作用，在声乐、戏曲的高音时，往往需要小腹收紧、顶住，而在播音主持用气时只需"拉住"的感觉即可，小腹过度用力内收反而可能导致腹腔内器官上挤，从而阻碍膈肌下降造成浅呼吸且不可控。因此，就某种程度而言，小腹微收"拉住"是一种无意识的弱控制，同样需要长期的、大量的练习、实践、感受、揣摩才能获得。

第四章　气息控制

第一节　气息控制的要求

一、气息控制的重要性

肺部呼出的气流是声音产生的动力，声音的高低、强弱、长短都与气息有着密不可分的关系。调整好呼吸，控制好气息，才能控制好声音，才能保证声音的响亮度、明亮度、清晰度、清澈度、圆润度、优美度。可以说，气息控制是播音主持语音发声中最为根本的环节，能否进入有声语言表达的殿堂，关键在气息控制。

同时，在播音主持有声语言中，气息不仅是发声的动力，也是有声语言表情达意的重要参与者。气随情动，声随情走，以气托声，以声传情，气息实为沟通内情与外声的重要基础与中介。而很多时候，表达中的气息亦可以外化为表情达意的特殊手段，成为有声语言表达的重要元素。

二、气息控制的具体要求

（一）稳定的气息压力

日常生活中的呼吸往往是自然随意的，尤其是说话时往往吸进的气一开始就冲出来，不够了再吸气。如果播音主持也如此，那么一是气息太短不能适应书面长句的表达极易造成语意断裂，二是容易形成短促的固定腔调影响传播效果。快吸慢呼是播音主持呼吸的基本要求，慢呼便是控制呼气的压力与速度，保持较为稳定的状态。在稳定的基础上才有继续探讨控制气息强弱的可能。

（二）持久的控制能力

无论是稿件播音还是节目主持，都有可能遇到需要长时间进行有声语言表达的情况，这就要求声音始终保持较为稳健的状态，也就必然需要气息的持久支撑，否则便容易出现虎头蛇尾、高开低走，甚至前半程从容、后半程垮掉的状况。对气息的控制要做到收放自如、灵活多变，在长久的支撑中实现声断气不断、音断意不断，无论多长的表达，都能够一气呵成。

（三）灵活的补气技巧

在播音主持中时常会遇到书面语长句，有的不仅字数多而且结构复杂，表达时要做到有层次、有内容，就需要气息的支撑，除了要有稳定的气息压力以及持久的控制能力，还要学会灵活使用补气技巧。

补气技巧大致包括补气、偷气、就气三种方式。补气是指在语句尚未表达完成而气息不够时，浅吸一口气用以完成接下来所要说的内容，而不必以胸腹联合呼吸深吸气，这样反而容易造成语句的断裂且无必要。偷气是指在表达过程中气息不够又不能断开的地方，在说话的同时口腔快速进一口气而不需要口鼻同时吸气，可以保证表达内容的完整度。就气是指听感上有停顿但不吸气，用体内剩余的一点气将内容说完，同样是保证表达内容的完整度，有的时候就气说话甚至有可能屏住呼吸完成最后一点内容。

（四）迅捷的无声呼吸

播音主持需要比日常生活更大的吸气量，吸气时就要控制进气的速度与声音。快吸慢呼是基本要求，吸气太慢容易造成表达时的不连贯甚至拖沓；而话筒前、镜头前，面对灵敏的电声设备如果呼吸声大，便会造成信息传播的冗余从而影响接受效果。

吸气迅捷、吸气量大、呼吸无声也是需要稳定的气息压力和持久的控制能力的重要动因；在补气、偷气、就气时更需要迅捷的无声呼吸。

第二节　气息控制的特点

一、气息控制的特点

（一）气出如流、源源不竭

气息呼出时如同水流般的流动感是气息控制最重要的特点。呼气时如同泉涌溪流、滔滔汩汩向前流动，并随着吐字表达如同珠串向前滑动，气息的起伏向前带来了表达的丰富与活力。吐字归音中的"如珠如流"亦是和气息控制密不可分的。

气息源源不竭地向前流动，不是随意可得的，而是需要小腹的参与。在发声过程中，小腹是枢纽，呼吸时始终处于工作状态。腹壁站定收紧与两肋扩张拮抗使气息充满胸腔，随着气息外流两肋渐松、小腹相对放松，需要补气时小腹一收、两肋扩张，气息便从口鼻自动补充进来，如同涌泉源源不断。中国传统文化中的"气沉丹田"便是对小腹作用的一种表达。

（二）气随情动、情声气合

气随情动，气息随着不同思想感情的运动变化而变化，感情变化是推动气息变化的内在动力。如若感情不动，便不能带动气息和声音流畅、合理向前。如果气息呆板机械、凝滞不前，不能随着感情而动，便会导致声音僵硬固化、缺乏活力。只有气随情动、声随情走、情声气完美结合，才能实现恰切的有声语言表达。以情感调节气息及声音是气息控制的高级阶段，需要进行艰苦卓绝的长期实践与反复磨炼。

二、气息控制与喉部控制的配合

（一）避免"有气无力"

肺部呼出的气流冲击声带才能发声，呼出的气息须有一定的力度与密度才能造成适当的声门下压。如果呼出的气息少、力量小，就不能使声音饱满坚实，会给受众以有气无力之感；若气息不足而以增强喉部紧张度的方式去"喊"，势必造成喉部负担加重。同理，气息也不能无节制地外冲，否则导致喉部紧张以节制气流又会造成声音捏挤，同样会加重喉部负担。

（二）实现"桴鼓相应"

应当根据表达的需要，使气息与声带完美配合，如桴鼓相应。除了气息的力度和密度要与声带配合，二者在时间上也要配合好。气息到，声门闭。气流先到会导致发声时漏气、发声效率低；声门先闭会导致冲开声门的气流压力增大，费劲且发声僵直。

此外值得注意的是，汉语是声调语言，四声都有各自的调型和调值，每一个音节的高低升降都需要发声与气息的配合才能完成。如果气息的力度和密度跟不上或者控制不好，便很容易导致某个音"劈"掉。

第三节　气息控制的训练

播音主持呼吸时小腹与膈肌/两肋的拮抗、两大肌群的对抗都与日常呼吸状态有着较为明显的差异，且这种差异需要一段时期的练习与揣摩方能体会，至于游刃有余地控制气息更非一朝一夕之功。科学合理、坚持不懈的训练是唯一路径。

一、基本状态练习

【训练路径】

阶段一：坐姿。

完全放松如同日常呼吸，感受腹壁吸气时凸起、呼气时还原。

小腹微收后从容吸气，感受两肋扩张、小腹渐紧，保持3秒钟后慢慢呼气。

可将两种呼吸状态进行对比练习，后者为应当掌握的正确状态。

阶段二：坐姿。

在阶段一的基础上，呼气时撮口如吹蜡烛般缓缓吹气，感受气息稳健、均匀呼出。

有条件可于正前方放置点燃的蜡烛，保证呼出的气流不将蜡烛吹灭且使火苗保持较为稳定的状态。

呼气时间随着练习的推进应逐渐拉长，至少应达到30秒钟以至更长时间。

阶段三：站姿。

胸自然挺起，腰不能挺，两肩下垂，小腹微收。从容吸气，如闻花香，感受两肋扩张、小腹渐紧，控制3秒钟后慢慢呼气。

阶段四：站姿。

在阶段三的基础上，呼气时撮口如吹蜡烛般缓缓吹气，感受气息稳健、均匀呼出。

辅助练习：坐姿/站姿。

两臂向身体两侧平直伸展，慢慢吸气，感受肩胛骨向两侧移动，手臂有延伸感；慢慢呼气，感受肩胛骨还原。

训练时可先进行坐姿练习，再进行站姿练习，也可搭配着一起练习，但应注意坐姿和站姿的前后两阶段的顺序不可颠倒。

二、快吸慢呼练习

【训练路径】

阶段五：在前四个阶段的基础上逐渐缩短吸气时间。直至突然吸气也能实现气流深满、两肋扩张，可保持几秒钟后慢慢呼出。

阶段六：在阶段五的基础上，慢慢呼气5秒钟后，小腹一收、口鼻进气、两肋扩张，再慢慢呼气重复这一过程，直至能够自如补气。

练习过程中注意吸气迅捷，呼气时长则可有长有短。

三、补气练习

【训练路径】

阶段七：在阶段六的基础上加入内容，根据内容决定补气量的大小。

【训练实例】

∨无鸡∨鸭也可∨无鱼∨肉也可∨一盘青菜不可

∨无鸡鸭也可∨无鱼肉也可∨一盘青菜不可

∨一二三四五六七八∨二二三四五六七八

∨一二三四五六七八九十∨十一十二二十三十四十五十六十七十八十九二十

（注：∨为吸气/补气符号，⌄为偷气符号，__为就气符号。）

阶段八：绕口令补气练习，根据内容适时灵活进行偷气、就气。

【训练实例】

∨扁担长，板凳宽，⌄板凳没有扁担长，扁担没有板凳宽，∨扁担要扁担绑在板凳上，⌄板凳不让扁担绑在板凳上，__扁担偏要扁担绑在板凳上。

阶段九：长句补气练习。重点练习呼吸感受，至于稿件精细处理需结合"播音主持创作基础"课程的学习。

【训练实例】

俄罗斯国防部3日表示，∨俄军将在今年年内正式接收俄自主研发的⌄最新一代防空导弹系统__S-500防空导弹系统。∨据俄媒报道，⌄S-500可用来打击弹道导弹、巡航导弹、⌄以高超音速飞行的新式武器__等各类目标。

（2020.2.4《新闻联播》）

四、弹发练习

阶段十：快速吸气后，结合小腹的弹动感受气息的急呼与快进，逐渐增加弹动速度。同时，感受胸腹联合呼吸以及气沉丹田、小腹的枢纽作用。

后期可在呼气时加入"嘿""哈"等音的弹发，注意不可练习过度、用力过猛，以免加重喉部负担。

第二部分

标准与美化

这一部分主要包括汉语普通话的基本语音知识、声韵调的标准以及吐字归音与口腔控制、声音美化与共鸣控制等内容。

第一章 音素

第一节 音素

一、音质成分和超音质成分

就语音而言，可将四要素分为音质成分和超音质成分。

（一）音质成分

按音质成分的变化切分音段，最小的音段发音应当是稳定不变的，波形应当是前后一致的，听觉上也应当只听成一个声音。元音和辅音便是由此分类而来，成为语音学中最基本的两个概念。

（二）超音质成分

音高、音强、音长可被视为依附于音质的，被称为超音质成分。其既可依附于音段，亦可依附于音节，是构成语调的主要因素。

二、音素和音标

（一）音素

音素是按照一定规则组合成音节的最小语音单位，是从音质角度划分出来的。音素可以分为元音和辅音两大类。

（二）音标

音标是用以记录音素的符号，即音素的标写符号。一个音素只用一个音标表示，一个音标也只表示一个音素，如韦氏音标、国际音标等。

（三）国际音标

国际音标是由国际语音协会1888年8月制定公布、1996年修改补充，被各国语言工作者采用的，不带民族特色的，用以记录语音的音素标写符号。其为世界上最为通行的记录音素的符号，可以标记所有语言的声音。

（四）宽式音标和严式音标

宽式音标是一种比较概括的标音方式，于区别意义无关的发音特征和差别便不做记录，又叫音位音标，符号为/ /。

严式音标是一种详尽记录发音特征和差别的标音方式，又叫音素音标，符号为[ ]。

三、元音和辅音

（一）元音和辅音的定义

1.元音

肺部呼出的气流冲击声带，使声带发生振动，然后让气流无阻碍地通过声道发出的音就是元音。

2.辅音

肺部呼出的气流在声道中受到阻碍并且克服这种阻碍而发出的音就是辅音。

（二）元音和辅音的区别

1.根本区别

发元音时气流通过声道不受阻碍，而发辅音时受阻碍。

气流顺利通过声道产生的最小音段就是元音，传统语音学称之为开放型；若声道的某一部分封闭使气流受阻产生的最小音段就是辅音，传统语音学称之为封闭型。

2.气流强弱

发元音时呼出气流较弱，发辅音时呼出气流较强。

3.响度大小

发元音时响度大，发辅音时响度小。

4.声带振动与否

发元音时声带振动，发辅音时清音不带音、浊音带音，即发清辅音如b[p]时声带不振动，发浊辅音如m[m]时声带振动。

5.发音器官状态

发元音时除声带外的发音器官各部分保持均衡紧张，发辅音时只有形成阻碍的那一部分器官紧张。

6.乐音/噪音

元音都是乐音，清辅音是噪音，浊辅音是带乐音成分的噪音。

声音大多是由许多频率不同的纯音构成的复合波，其中频率最低、振幅最大的叫基音，其余的为陪音，陪音的频率为基音的整数倍时称为泛音。乐音的基音频率和陪音频率总是保持整数倍的关系且波形总是有规律的，噪音的频率则不具备整数倍的关系且波形不规则。

第二节 元音

一、元音的分类

（一）生理分类法

从声学角度、听觉角度都可以对语音进行分类，但前者过于精密，不便于语音的记录、学习、研究；后者太过粗疏且主观性太强，难以进行合理的划分。因此，一般从生理角度对语音进行分类，即根据舌头的位置、嘴唇的形状进行分类与描述，称为生理分类法。

（二）具体标准

舌位，即舌头隆起的最高点在口腔中所处的位置，可以分为舌位的高低和前后。嘴唇的形状可以从圆唇和不圆唇（展唇）来看。任何一个元音都可以从如下三个方面来描述：

舌位高低：舌位高的称为高元音，舌位低的称为低元音。

舌位前后：舌位前的称为前元音，舌位后的称为后元音。

唇形圆展：嘴唇圆起的称为圆唇元音，嘴唇不圆的称为展唇元音。

二、定位元音和元音舌位图

（一）定位元音

在发元音时，舌头在口腔内的活动范围大致形成一个不规则的四边形，四边形的四个顶点代表了发元音时舌头运动的极限。在这样一个范围内，舌头上下或是前后的变动可以发出不同的元音。为了便于描写，一般将舌头纵向的移动分为四度，即高、半高、半低、低。前后各分四度，便有了八个点，用以定位元音，而这八个点所在位置的元音就称为定位元音或标准元音。有了八个定位元音，便可以以之为参照来确定其他元音的舌位。

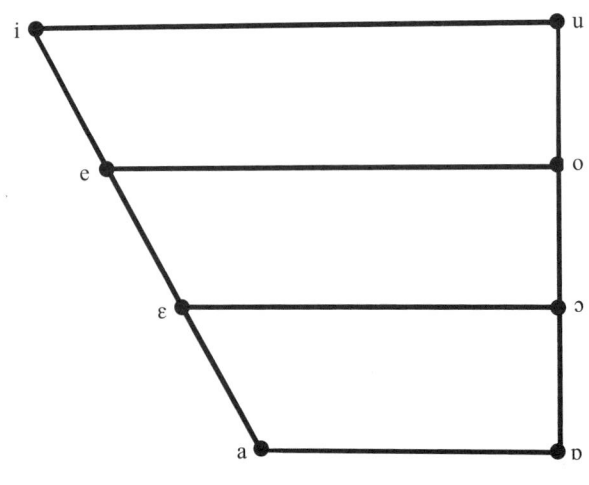

图1　定位元音图示

（二）元音舌位图

1.含义

四个极点围成一个四边形，人类变更口腔形状所能发出的绝大多数元音都能在这个图中找到相应的位置。

2.图示

除了八个定位元音，常用元音也在图中展现。除了前元音和后元音再加入央元音，元音舌位图的横向便有了前、央、后。用高、半高、半低、低表示舌位高低时仍不够用，在四度之间依次加入次高、中、次低，成为七度，元音舌位图的纵向便有了高、次高、半高、中、半低、次低、低。每一种舌位的元音都有圆唇和展唇的对应，二者并列于元音舌位图两条纵线的左右，线右圆唇，线左展唇。

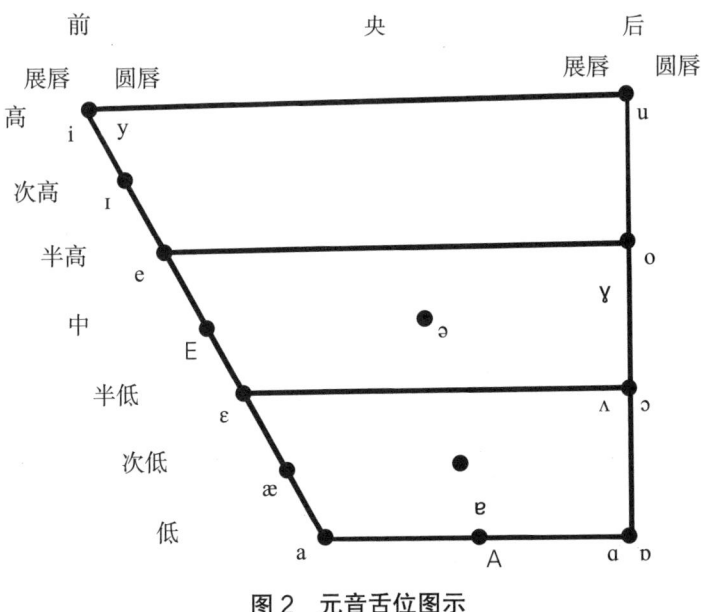

图2　元音舌位图示

实际上，前元音以展唇的较为常见，后元音以圆唇的较为常见。圆唇的程度和舌位的高低密切相关，舌位越高唇形越圆。

3.附加符号

由于人类发音的复杂程度极高，为了精确标记某些音的发音状态，国际音标有一些常用的附加符号。

⊥：舌位略高。如［e⊥］

⊤：舌位略低。如［e⊤］

＋：舌位略前。如［u⁺］

－：舌位略后。如［u⁻］

）：圆唇度增。如［o̜］

（：圆唇度减。如［o̜］

‥：舌位偏央。如［ÿ］

~：鼻化元音。如［ã］

：：长元音。如［ɑ:］

＿：紧元音。如［u̱］

三、普通话的单元音

（一）含义

不与其他元音结合便能在音节中单独存在的元音。

（二）分类

普通话中共有10个单元音，包括6个舌面元音、2个舌尖元音、2个特殊元音。主要依靠舌尖用力的元音称为舌尖元音，与之相对的一般元音则称为舌面元音，两个特殊元音即卷舌元音和语气元音，另一种特殊元音现象即鼻化元音。

实训中的例词覆盖了所有声韵（元音）配合组成的音节和特殊元音存在的音节，便于学习、记忆、练习。

1.舌面元音

i［i］：前、高、展唇元音。与国际音标中定位元音［i］的舌位、唇形一致。

【发音指要】

舌位最高，舌面前部向硬腭前部隆起，舌面两侧边缘与两侧硬腭/牙齿接触，嘴唇放松微开，软腭抬升关闭鼻腔通路，声带振动。

注意①：为保持发音的清晰与轻捷，不建议舌尖抵下齿背。

注意②：由于发 i 时口腔通路最窄，容易导致出现摩擦音，要练习控制口腔开度和舌头力度。

【例词实训】

泥地　礼毕　米皮　体力　机器　依稀

ü[y]：前、高、圆唇元音。与国际音标中定位元音[y]的舌位、唇形一致。

【发音指要】

与 i 舌位一致，只是唇形变圆，软腭抬升关闭鼻腔通路，声带振动。

【例词实训】

女婿　旅居　序曲　语句

u[u]：后、高、圆唇元音。与国际音标中定位元音[u]的舌位、唇形一致。

【发音指要】

舌位最高，唇形最圆，与 i、ü 相较舌头略后缩，舌面后部向软腭抬升，软腭抬升关闭鼻腔通路，声带振动。

【例词实训】

部署　粗俗　孤苦　呼出　幕府　怒目　普度　屠戮　诸如　祖屋

o[o]：后、半高、圆唇元音。比国际音标中定位元音[o]的舌位略偏低，严格应标记为[o˕]。

【发音指要】

舌位半高，舌头略后缩，舌面向软腭隆起，唇部稍拢圆，软腭抬升关闭鼻腔通路，声带振动。

注意：o是单元音，不要发成uo。

【例词实训】

薄膜　泼墨　卧佛

e[ɤ]：后、半高、展唇元音。比国际音标中定位元音[ɤ]的舌位略偏央，严格应标记为[ɤ̈]。

【发音指要】

与o舌位一致，将圆唇变成展唇，软腭抬升关闭鼻腔通路，声带振动。

注意：e[ɤ]是后、半高元音，要与央元音[ə]相区别，典型例子为"哥哥"，国际音标为[kɤ⁵⁵kə]。

【例词实训】

特色　可乐　这么　车辙　舍得　热河　啧啧　饿呢

a[a]：前、低、展唇元音。在描写汉语拼音a时以国际音标[a]指代，但在普通话的实际发音中，a具有多个音位变体，具体后文会涉及。

【发音指要】

开口最大，舌位最低，舌尖不抵下齿背，软腭抬升关闭鼻腔通路，声带振动。

【例词实训】

爸妈　挞伐　哈达　拉萨　戛纳　闸阀　沙茶　擦擦　腌臢

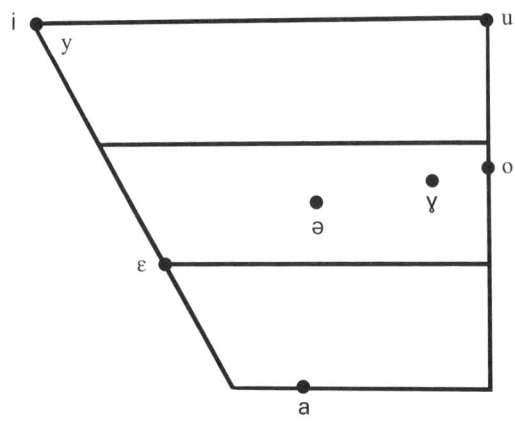

图3　单元音实际发音位置图示

2.舌尖元音

舌尖元音/舌尖韵母就是普通话zi、ci、si、zhi、chi、shi、ri这七个音节声母后面的部分。和ɑ一样，i也有音位变体，两个舌尖元音和舌面元音i在普通话的汉语拼音中写法一样，但是读法有着明显的区别，这种现象主要和拼合关系有关。当i和舌尖前声母z、c、s相拼时，读作舌尖前元音[ɿ]；当i和舌尖后声母zh、ch、sh、r相拼时，读作舌尖后元音[ʅ]。

-i（前）[ɿ]：舌尖前、高、展唇元音。

-i（后）[ʅ]：舌尖后、高、展唇元音。

【发音指要】

发舌尖元音时，舌部有两个高点，一个在舌尖，另一个在舌面后部，整体大致呈马鞍形。舌尖前元音[ɿ]的第一个舌高点比舌尖后元音[ʅ]靠前一些，第二个舌高点相较又靠后一些。舌尖前元音[ɿ]的第一个舌高点趋向上齿背，舌尖后元音[ʅ]的第一个舌高点趋向上齿龈。均需软腭抬升关闭鼻腔通路，声带振动。

注意：发舌尖元音时依然是开放型的状态，舌尖与口腔内其他部分均不接触，声道是开放的。

【例词实训】

知识　赤日　字词　四肢

3.卷舌元音

er[ɚ]：卷舌、央元音。

【发音指要】

舌位从央元音[ə]开始，舌尖向硬腭翘起且有微卷向后的趋势，软腭抬升关闭鼻腔通路，声带振动。

注意①：单独使用时常用字为"儿""而""耳""二"等少数字，要注意这是卷舌音不是翘舌音，舌部有一定的卷曲才能发音准确。发去声字时因受高降调的影响，舌位会由低到高形成一个动程，严格应标记为[ʌɚ^{51}]。

注意②：与其他元音组合时即为"儿化"，具体发音变化及要点后文会涉及。

【例词实训】

儿子　而且　耳朵　二胡　花儿　叶儿　鸡儿　鱼儿　孩儿　缸儿

4.语气元音

ê[ɛ]：舌面前、半低、展唇元音。

【发音指要】

舌位半低，口略开，舌面向硬腭前部隆起，软腭抬升关闭鼻腔通路，声带振动。

注意①：语气元音一般只单独用作语气词"欸""诶"，舌位高低不太稳定，实际读音接近ei[ei]。

注意②：e、a与韵头i、ü组合时实际发音为[ɛ]。

【例词实训】

夜月　越野　演员　怨言

5.鼻化元音

【发音指要】

发元音时软腭垂下打开鼻腔通路，使声音不但从口腔出去也从鼻腔出去，形成两个共鸣腔，元音音色由此带上鼻音色彩。

注意①：普通话中没有单独存在的鼻化元音，其只出现于儿化现象中，且是韵尾为ng[ŋ]的儿化。

注意②：儿化中出现的鼻化现象为普通话水平测试必考内容，亦是难点内容，应引起重视。

【例词实训】

茶缸儿　门缝儿　人影儿　小熊儿

第三节　辅音

一、辅音的分类

按照发音部位和发音方法的不同可以对辅音进行分类。

（一）发音部位

发辅音时气流在声道中要受到阻碍并克服阻碍成音，阻碍在声道中所处部位不同，便形成不同的辅音。根据发音部位，一般可以将辅音分为唇音、舌尖音、舌叶音、舌面音、小舌音、喉音六大类，其中舌尖音和舌面音还可细分为前、中、后。在普通话中，辅音有唇音、舌尖音、舌面音三大类。

唇音：细分为双唇音和唇齿音。双唇音为上下唇形成阻碍，普通话中的双唇音有b、p、m。唇齿音为上齿下唇形成阻碍，普通话中的唇齿音有f。

舌尖音：细分为舌尖前音、舌尖中音和舌尖后音。舌尖前音为舌尖前部与上齿背形成阻碍，又称平舌音，普通话中的舌尖前音有z、c、s。舌尖中音为舌尖中部与上齿背和上齿龈的交界处形成阻碍，普通话中的舌尖中音有d、t、n、l。舌尖后音为舌尖翘起后舌尖后部与上齿龈形成阻碍，又称翘舌音，普通话中的舌尖后音有zh、ch、sh、r。

舌叶音：舌叶（舌尖与舌面之间）与上齿龈形成阻碍，同时舌体两边用力与上臼齿接触，英语she（她）[ʃi]中的[ʃ]便是一个舌叶音。普通话中没有舌叶音。

舌面音：细分为舌面前音、舌面中音和舌面后音。舌面前音为舌面前部与硬腭前部形成阻碍，普通话中的舌面前音有j、q、x，简称舌面音。舌面中音为舌面中部与硬腭后部形成阻碍，普通话中没有舌面中音。舌面后音为舌面后部与软腭前部形成阻碍，又称舌根音，普通话中的舌面后音有g、k、h、ng。

小舌音：舌根前部与小舌形成阻碍，羌语、水语等少数民族语言中可见。普通话中没有小舌音。

喉音：舌根与喉壁形成阻碍，吴方言、江淮方言等汉语方言中较为常见，其入声的标志[ʔ]便是一个喉塞音。普通话中没有喉音。

（二）发音方法

按照阻碍方式、声带振动与否、送气与否以及气流通过腔体不同等标准可以从不同角度对辅音进行分类、描述。

1. 阻碍方式

发辅音时肺部呼出的气流通过阻碍形成一个完整的动程，分为成阻、持阻、除阻三个阶段。成阻阶段，发音器官开始聚拢准备形成阻碍。持阻阶段，发音器官肌肉紧张保持阻碍形成间歇。除阻阶段，发音器官肌肉放松解除阻碍。根据阻碍方式的不同，一般可以将辅音分为塞音、擦音、塞擦音、鼻音、边音、颤音/闪音、通音七大类。在普通话中，辅音除颤音/闪音均有。

塞音：成阻至持阻阶段阻碍闭塞，气流不能通过且形成短暂间歇，除阻阶段阻碍瞬间解除、气流冲出，普通话中的塞音有b、p、d、t、g、k。

擦音：成阻至持阻阶段阻碍不完全闭塞，气流由阻碍缝隙中擦出，普通话中的擦音有f、s、sh、x、h、r。

塞擦音：成阻阶段阻碍闭塞，持阻阶段阻碍放松形成缝隙、气流擦出，塞音和擦音紧密结合形成一个完整的发音动程，普通话中的塞擦音有z、c、zh、ch、j、q。

鼻音：成阻阶段口腔通路闭塞，软腭下垂打开鼻腔通路，气流在持阻阶段由鼻腔通过，普通话中的鼻音有m、n、ng。

边音：成阻阶段阻碍闭塞，软腭抬升关闭鼻腔通路，气流由舌体两边通过，普通话中的边音有l。

颤音/闪音：气流通过双唇、舌尖、小舌时使之产生颤动，普通话中没有颤音/闪音。

通音：成阻至持阻阶段口腔通路略略呈开放状，气流通过时产生极其轻微的摩擦，通音一般为浊音，其性质已接近元音，亦称半元音。普通话中的r一般将其归入擦音，但在实际发音时倾向于轻微摩擦的通音。普通话中以i、u、ü开头的零声母音节，在实际发音时i、u、ü会产生轻微摩擦而带有通音色彩；以u开头的零声母音节，在实际发音时常出现上齿下唇摩擦的现象，形成通音[v]。

2. 声带振动与否

发辅音时声带可振动或不振动，声带振动产生浊音，声带不振动产生清音。塞音、擦音、塞擦音一般均有清浊成对出现。鼻音和边音一般均为浊音性的。

浊辅音：普通话中的浊辅音有m、n、l、r、ng。

清辅音：普通话中的清辅音有b、p、f、z、c、s、d、t、zh、ch、sh、j、q、x、g、k、h。

3.送气与否

辅音除阻之后紧接着送出一股气流便形成送气辅音。国际音标中用"'"表示辅音的送气。塞音、擦音、塞擦音、鼻音、边音等在不同的语言/方言中都可以有送气与否的区分，但最为常见的送气辅音是清塞音和清塞擦音，这也是汉语普通话中存在的两类。

送气音：普通话中的送气辅音有p、c、t、ch、q、k。

不送气音：普通话中的不送气辅音有b、z、d、zh、j、g。

4.气流通过腔体

按照气流通过腔体的不同可以将辅音分为口音和鼻音两类。气流通过口腔成音的称为口音，气流通过鼻腔成音的称为鼻音。

口音：普通话中的口音有b、p、f、z、c、s、d、t、l、zh、ch、sh、r、j、q、x、g、k、h。

鼻音：普通话中的鼻音有m、n、ng。

二、普通话的辅音

普通话中共有22个辅音，可以从发音部位、送气不送气、清音浊音、阻碍方式、口音鼻音等方面进行描述。

以下按照发音部位前后顺序排列，这样的顺序既便于学习、记忆、练习，亦是解决"尖音"问题的重要方法之一。

实训中的例词覆盖了所有声（辅音）韵配合组成的音节和只作为韵尾的ng存在的韵母/音节，便于学习、记忆、练习。

b［p］：双唇、不送气、清、塞音。

【发音指要】

双唇紧闭，软腭抬升关闭鼻腔通路，气流蓄积于双唇之后，双唇突然松开、气流冲出成音,声带不振动。

注意①:b为清辅音,发音时声门关闭、声带不振动,有的汉语方言区辅音分清浊,说普通话时易受影响,应予以注意。

注意②:发音时双唇自然紧闭,避免蓄力时双唇向内裹咬形成裹唇。

【例词实训】

八磅　播本　摆布　北滨　包庇　兵变　班彪　别蹦

p[p']:双唇、送气、清、塞音。

【发音指要】

成阻至持阻阶段与b相同,除阻阶段声门开放,肺部呼出的气流冲出成音,在语音频谱图上与b相较清晰可见一个独立的送气段,声带不振动。

注意①:p为清辅音,发音时声门关闭、声带不振动,有的汉语方言区辅音分清浊,说普通话时易受影响,应予以注意。

注意②:发音时双唇自然紧闭,避免蓄力时双唇向内裹咬形成裹唇。

【例词实训】

爬坡　胚盘　跑偏　鳑鲏　澎湃　品评　普票　剖白　喷薄　苤蓝

m[m]:双唇、浊、鼻音。

【发音指要】

双唇紧闭,软腭下垂打开鼻腔通路,气流同时到达口腔和鼻腔,在口腔受阻,由鼻腔通过,声带振动。

注意:发音时双唇自然紧闭,避免双唇向内裹咬形成裹唇。

【例词实训】

麻木　莫名　麦芒　茂密　谋面　曼妙　灭门　民盟　美么　谬误

f[f]:唇齿、清、擦音。

【发音指要】

上齿和下唇靠拢形成缝隙,软腭抬升关闭鼻腔通路,气流从唇齿间缝隙擦出，声带不振动。

注意①：发音时唇齿间自然形成缝隙，避免用力咬唇。

注意②：发音时气流自然呼出，避免鼓腮吹气。

【例词实训】

佛法　非凡　芬芳　丰富　饭否

z[ts]：舌尖前、不送气、清、塞擦音。

【发音指要】

舌尖前部自然伸平抵住上齿背形成阻碍，软腭抬升关闭鼻腔通路，口腔蓄气，舌尖和齿背之间迅速松开缝隙的同时口腔所蓄气流擦出，声带不振动。

注意①：发音时先塞后擦，塞音的除阻阶段和擦音的成阻阶段合而为一，形成一个完整的动程。

注意②：舌尖前部抵住上齿背，可向后略靠上齿龈，但不可向前进入上下齿之间形成齿间音。

【例词实训】

咂嘴　贼赃　造作　走姿　怎增　总则　攥在　樽俎　簪子

c[ts']：舌尖前、送气、清、塞擦音。

【发音指要】

成阻至持阻阶段与z相同，除阻阶段声门开放，肺部呼出的气流由舌尖和齿背之间的缝隙擦出成音，声带不振动。

注意①：发音时先塞后擦及送气，塞音的除阻阶段和擦音的成阻阶段及送气合而为一，形成一个完整的动程。

注意②：舌尖前部抵住上齿背，可向后略靠上齿龈，但不可向前进入上下齿之间形成齿间音。

【例词实训】

猜测　草丛　残存　参差　催促　错层　凑仓　攒簇　擦除

s[s]：舌尖前、清、擦音。

【发音指要】

舌尖前部靠近上齿背，软腭抬升关闭鼻腔通路，气流从舌尖和齿背之间的缝隙擦出，声带不振动。

注意：发音时可让舌尖轻触上齿背，避免因舌体前部悬空发成舌叶音。

【例词实训】

撕碎　洒扫　瑟缩　三艘　僧俗　送丧　酸笋　塞叟　森森

d[t]：舌尖中、不送气、清、塞音。

【发音指要】

舌尖中部抵住上齿背和上齿龈的交界处，软腭抬升关闭鼻腔通路，口腔蓄气，气流冲出的同时舌尖松开，声带振动。

注意①：d为清辅音，发音时声门关闭、声带不振动，有的汉语方言区辅音分清浊，说普通话时易受影响，应予以注意。

注意②：舌尖中部应抵住上齿龈和上齿背的交界处，若靠后发音会造成事实发音部位成为舌尖后部与硬腭，成音便会带有翘舌色彩，含混不清。

【例词实训】

大多　得到　带动　都得　单独　地点　跌宕　丢掉　顶端　对等
遁地　扽平　嗲声

t[t']：舌尖中、送气、清、塞音。

【发音指要】

成阻至持阻阶段与d相同，除阻阶段声门开放，肺部呼出的气流冲出成音，声带不振动。

注意①：t为清辅音，发音时声门关闭、声带不振动，有的汉语方言区辅音分清浊，说普通话时易受影响，应予以注意。

注意②：舌尖中部应抵住上齿龈和上齿背的交界处，若靠后发音会造成事实发音部位成为舌尖后部与硬腭，成音便会带有翘舌色彩，含混不清。

【例词实训】

獭兔　特推　抬头　逃脱　弹跳　汤团　疼痛　体贴　天庭　吞吐

n[n]：舌尖中、浊、鼻音。

【发音指要】

舌尖中部抵住上齿背和上齿龈的交界处，同时舌体边缘自然接触上齿背和上齿龈，堵住口腔通路，软腭下垂打开鼻腔通路，气流同时到达口腔和鼻腔，在口腔受阻，由鼻腔通过，声带振动。

注意：发音时较边音l舌体用力更大，舌体堵住口腔通路将气流从鼻腔挤出。

【例词实训】

拿捏　奶牛　恼怒　男女　囊内　能弄　泥泞　袅娜　娘娘　暖年
锄耨　粉嫩　虐待　您呢

l[l]：舌尖中、浊、边音。

【发音指要】

舌尖中部抵住上齿背和上齿龈的交界处，堵住口腔中部通路，软腭抬升关闭鼻腔通路，同时舌体两侧边缘和上齿背与上齿龈之间留有缝隙，气流由两边缝隙通过，声带振动。

注意：发音时较鼻音n舌体较为放松，气流由舌体两边缝隙流出。

【例词实训】

拉力　勒令　来俩　牢笼　楼兰　冷落　嘹亮　流泪　连廊　凛冽
乱伦　掳掠　绿萝

zh[tʂ]：舌尖后、不送气、清、塞擦音。

【发音指要】

舌体两边略向舌体中央卷翘，舌尖翘起后舌尖后部抵住上齿龈形成阻碍，软腭抬升关闭鼻腔通路，口腔蓄气，舌尖和齿龈之间迅速松开缝隙的同时口腔所蓄气流擦出，声带不振动。

注意①：发音时先塞后擦，塞音的除阻阶段和擦音的成阻阶段合而为一，形成一个完整的动程。

注意②：发音时舌尖后部抵住上齿龈，可向后略靠硬腭前部，但不可太靠后，否则舌尖背面与硬腭形成阻碍，实际发出的音成为"卷舌音"，便不再是普通话的"翘舌音"了。

注意③：发音时注意巧用舌部力量，即舌体两边略向舌体中央卷翘，同时舌尖翘起，避免因舌部无力发成舌叶音。

注意④：发音时双唇放松，亦可略略突出。

【例词实训】

执着　扎针　褶皱　照章　战争　抓准　拽住　追债　装砖　这（口语）种

ch [tʂʻ]：舌尖后、送气、清、塞擦音。

【发音指要】

成阻至持阻阶段与zh相同，除阻阶段声门开放，肺部呼出的气流由舌尖和齿龈之间的缝隙擦出成音，声带不振动。

注意①：发音时先塞后擦，塞音的除阻阶段和擦音的成阻阶段合而为一，形成一个完整的动程。

注意②：发音时舌尖后部抵住上齿龈，可向后略靠硬腭前部，但不可太靠后，否则舌尖背面与硬腭形成阻碍，实际发出的音成为"卷舌音"，便不再是普通话的"翘舌音"了。

注意③：发音时注意巧用舌部力量，即舌体两边略向舌体中央卷翘，同时舌尖翘起，避免因舌部无力发成舌叶音。

注意④：发音时双唇放松，亦可略略突出。

【例词实训】

痴缠　叉车　拆穿　惆怅　踌躇　冲床　欻欻　踹出　秤锤　春潮

sh［ş］：舌尖后、清、擦音。

【发音指要】

舌体两边略向舌体中央卷翘，舌尖后部靠近上齿龈，软腭抬升关闭鼻腔通路，气流从舌尖和齿龈之间的缝隙擦出，声带不振动。

注意①：发s音时舌尖背部会接触下齿背，发sh音时舌尖背部不会接触下齿背。

注意②：发音时注意巧用舌部力量，即舌体两边略向舌体中央卷翘，同时舌尖翘起，避免因舌部无力发成舌叶音。

注意③：发音时双唇放松，亦可略略突出。

【例词实训】

杀手　舍身　晒伤　少数　闪烁　盛衰　耍耍　顺水　双栓　是谁（口语）

r［ʐ］：舌尖后、浊、擦音。

【发音指要】

舌体两边略向舌体中央卷翘，舌尖后部靠近上齿龈，软腭抬升关闭鼻腔通路，气流从舌尖和齿龈之间的缝隙擦出，声带振动。

注意①：发音时注意巧用舌部力量，即舌体两边略向舌体中央卷翘，同时舌尖翘起，避免因舌部无力发成舌叶音。

注意②：普通话中一般将r看作sh的同部位浊音，但气流不如sh明显，发音时气流过强易造成摩擦音重的现象。

注意③：r作为声母与合口呼韵母相拼时圆唇，与开口呼韵母相拼时则不可圆唇。

【例词实训】

热容　扰攘　柔润　忍辱　仍然　软弱　瑞日

j［tɕ］：舌面（前）、不送气、清、塞擦音。

【发音指要】

舌尖自然下垂，舌面前部自然隆起贴住硬腭前部形成阻碍，软腭抬升关闭鼻腔通路，口腔蓄气，舌面和硬腭之间迅速松开缝隙的同时口腔所蓄气流擦出，声带不振动。

注意①：发音时先塞后擦，塞音的除阻阶段和擦音的成阻阶段合而为一，形成一个完整的动程。

注意②：发音时舌尖自然下垂，不接触上下齿，舌面前部需隆起，否则易发成z音，即"尖音"现象。

注意③：发音时双唇放松，往两边咧开太多亦是产生"尖音"的一个原因，调整时可适当圆唇发音。

注意④：按照双唇、唇齿、舌尖前、舌尖中、舌尖后、（舌叶）、舌面前（舌面）、舌面后（舌根）的顺序反复发辅音，体会发音部位从前到后的不同，舌尖前音和舌面前音便能自然区分开。

【例词实训】

基金　家具　九江　建军　窘境　绝交　狷介

q[tɕ']：舌面（前）、送气、清、塞擦音。

【发音指要】

成阻至持阻阶段与j相同，除阻阶段声门开放，肺部呼出的气流由舌面和硬腭之间的缝隙擦出成音，声带不振动。

注意①：发音时先塞后擦，塞音的除阻阶段和擦音的成阻阶段合而为一，形成一个完整的动程。

注意②：发音时舌尖自然下垂，不接触上下齿，舌面前部需隆起，否则易发成c音，即"尖音"现象。

注意③：发音时双唇放松，往两边咧开太多亦是产生"尖音"的一个原因，调整时可适当圆唇发音。

注意④：按照双唇、唇齿、舌尖前、舌尖中、舌尖后、（舌叶）、舌面前（舌面）、舌面后（舌根）的顺序反复发辅音，体会发音部位从前到后的不同，舌尖前音和舌面前音便能自然区分开。

【例词实训】

恰切　乔迁　求取　亲情　墙裙　穷奇　确权

x[ɕ]：舌面（前）、清、擦音。

【发音指要】

舌尖自然下垂，舌面前部自然隆起靠近硬腭前部，软腭抬升关闭鼻腔通路，气流从舌面和硬腭之间的缝隙擦出，声带不振动。

注意①：发音时先塞后擦，塞音的除阻阶段和擦音的成阻阶段合而为一，形成一个完整的动程。

注意②：发音时舌尖自然下垂，不接触上下齿，舌面前部需隆起，否则易发成s音，即"尖音"现象。

注意③：发音时双唇放松，往两边咧开太多亦是产生"尖音"的一个原因，调整时可适当圆唇发音。

注意④：按照双唇、唇齿、舌尖前、舌尖中、舌尖后、（舌叶）、舌面前（舌面）、舌面后（舌根）的顺序反复发辅音，体会发音部位从前到后的不同，舌尖前音和舌面前音便能自然区分开。

【例词实训】

西夏　些许　消闲　心血　香薰　行凶　选秀

g[k]：舌根（舌面后）、不送气、清、塞音。

【发音指要】

舌面后部自然隆起贴住软腭形成阻碍，口腔后部和咽腔蓄气，舌面和软腭之间迅速松开缝隙的同时所蓄气流冲出，声带不振动。

注意：g为清辅音，发音时声门关闭、声带不振动，有的汉语方言区辅音分清浊，说普通话时易受影响，应予以注意。

【例词实训】

亘古　葛根　改观　给够　高贵　感光　更鼓　供港　瓜果　拐棍

k[kʻ]：舌根（舌面后）、送气、清、塞音。

【发音指要】

成阻至持阻阶段与g相同，除阻阶段声门开放，肺部呼出的气流由舌根和软腭之间的缝隙冲出成音，声带不振动。

注意：k为清辅音，发音时声门关闭、声带不振动，有的汉语方言区辅音分清浊，说普通话时易受影响，应予以注意。

【例词实训】

卡扣　刻苦　开垦　坎昆　跨考　扩孔　快扛　亏款　矿坑

h[x]：舌根（舌面后）、清、擦音。

【发音指要】

舌面后部自然隆起靠近软腭，软腭抬升关闭鼻腔通路，气流从舌根和软腭之间的缝隙擦出，声带不振动。

注意：发音时避免摩擦太重而产生咯痰音。

【例词实训】

河海　好坏　后悔　含混　很慌　哼哈　行货　鸿鹄　缓缓

ng[ŋ]：舌根（舌面后）、浊、鼻音。

【发音指要】

舌面后部自然隆起靠近软腭，同时舌体边缘自然接触上齿背和上齿龈，堵住口腔通路，软腭下垂打开鼻腔通路，气流同时到达口腔和鼻腔，在口腔受阻，由鼻腔通过，声带振动。

注意①：发音时舌体前部不接触上下齿，舌体后部隆起堵住口腔通路将气流从鼻腔挤出。

注意②：ng在普通话中只能充当鼻音韵尾，不能充当声母，学习单发是为了后鼻音韵母的发音准确。

【例词实训】

帮忙　浪荡　康藏　沧桑　行当　昂扬　方能　唐僧　馕坑　钢镚

帐篷　丰登　生冷　增城　辔鞯　腾让　更胖　哼唱　蹭上　总政
仍从　勐宋　隆宠　工农　孔融　洪钟　叮咛　听令　庆幸　荧屏
病况　娘娘　踉跄　湘江　阳光　窘境　穷命　汹涌　双创　网状
广东　黄铜

表 1　普通话辅音表

发音部位 发音方法			双唇	唇齿	齿间	舌尖前	舌尖中	舌尖后	舌叶	舌面前	舌面中	舌根	喉
塞	清	不送气	**p**				**t**			ȶ	c	**k**	ʔ
		送气	**p'**				**t'**			ȶ'	c'	**k'**	ʔ'
	浊	不送气	b				d						
		送气	b'				d'						
塞擦	清	不送气				**ts**		**tʂ**	tʃ	**tɕ**			
		送气				**ts'**		**tʂ'**	tʃ'	**tɕ'**			
	浊	不送气						dʐ					
		送气						dʐ'					
擦	清			**f**	θ	**s**		**ʂ**	ʃ	ɕ	ç	**x**	h
	浊			v	ð	z		ʐ	ʒ	ʑ	j		ɦ
鼻	浊		**m**				**n**					**ŋ**	
边	浊						**l**						
通	浊			ʋ				ɻ					
半	浊		w								j		

注：黑体为普通话22个辅音，其他常见辅音用以对比参考。

第二章　音位

第一节　音位

一、音位的定义

前文已述，语音具有物理属性、生理属性、社会属性。语音的物理属性和生理属性可以统称为自然属性，从自然属性看，语音的最小单位是音素。与自然属性相对的便是语音的社会属性，指同一个音素在不同语言或方言中具有不同的作用、在交际中执行不同的功能，语音的这种属性是使语音从根本上与一般声音区别开来的本质属性。从社会属性看，语音的最小单位便是音位。

音位是具体语言或方言中具有区别词的语音形式进而区别意义作用的最小语音单位。一种语言或方言中的音位总是以一定的方式相互独立又相互联系，构成一个完整的音位体系。

二、音位的归纳

自19世纪末出现"音位"的概念，经过一百多年的发展，围绕音位的功能阐释、归纳原则等方面形成了众多派别，但最终的目标指向基本上都是一致的，就是将某一种语言或方言中纷繁复杂的音素归纳为一套相对整齐简练的音位系统，以便于科学研究、课堂学习、实际使用。音位的归纳原则主要有以下三条。

（一）对立原则

若两个音素能够出现在同一个语言环境中，但相互替换之后就产生意义的差别，那么这两个音素就是对立关系，必然属于不同的音位。如将汉语普通话中的b[p]和p[pʻ]放在[_a⁵¹]这个语言环境中，可能会形成"爸"和"怕"两个不同的意义，那么b[p]和p[pʻ]应属不同的音位。

（二）互补原则

若两个音素不能出现在同一个语言环境中，但分布条件是互补的，那么这两个音素就是互补关系，可以归纳成一个音位。如汉语普通话中与z、c、s相拼的i[ɿ]，与zh、ch、sh、r相拼的i[ʅ]，和其他语言环境中的i[i]形成互补关系，因此归纳为一个音位/i/。

（三）语音近似原则

互补原则是将几个音素归纳为一个音位的必要条件，但不是充分条件，属于同一个音位的音素在语音上还应相近似。如汉语普通话中的[ɿ]、[ʅ]、[i]三个元音在戏曲韵脚"十三辙"中都被归入"一七辙"，说明这三个元音音素听感近似，归在一起不突兀。

三、音位的变体

音位变体通常分为条件变体和自由变体两类。

（一）条件变体

条件变体指各个音位变体出现受具体语言环境条件的制约。条件变体又分为受音位位置影响产生的变体和受语流音变影响产生的变体两类。前者如汉语普通话中的e，出现在i之前实际读音为[e]，出现在i之后实际读音为[ɛ]，[e]和[ɛ]就是音位/e/的两个条件变体。后者如汉语普通话中的g与开口呼韵母相拼实际读作[k]，而与合口呼韵母相拼时要圆唇，实际读作[k̫]，[k]和[k̫]就是音位/k/的两个条件变体。

（二）自由变体

自由变体指音位之间的相互替换是自由的，没有条件限制。自由变体又分为完全自由变体和部分自由变体两类。前者如合口呼零声母音节中u[u]现在普遍[u]和[v]混读，属于完全自由变体。后者如一些汉语方言中n、l有时可随意混读，有时则有限制区分，属于部分自由变体。

四、音质音位和非音质音位

语音四要素为音质、音高、音强、音长。语音中的音质成分和非音质成分均可归纳成音位。

（一）音质音位

音质音位指以音素为材料，从音质角度进行分析、归纳的音位。如汉语普通话中音质音位/a/覆盖了"前a[a]""中a[A]""后a[ɑ]""[ɛ]""[e]"五种情况。

（二）非音质音位

非音质音位亦称超音质音位，指有区别词的语音形式作用的音高、音强、音长，分别称为调位、强位/重位、时位。如汉语普通话的四个声调便是调位的不同，而连续变调所产生的不同调值就是调位的变体，一般而言上声调位/214/有［214］、［211］、［35］三个调位变体。

第二节 《汉语拼音方案》

一、历史沿革

汉字作为意音文字笔画繁多、结构复杂，完全意义上的形声字仅占40%左右，汉字的表音/注音成为新中国成立后一项亟待解决的重要问题。从古代的直音法、读若法、反切法到近现代的注音字母、国语罗马字、拉丁化新文字，汉语的注音始终处于"在路上"的阶段，每一种注音方法都有较为明显的不足。

新中国成立后，中国文字改革协会于1955年2月成立了拼音方案委员会，在参考历史上注音方案和群众提供方案之后，于1956年2月发布《汉语拼音方案》并征求各方意见后修订，并提出修正草案。1958年2月，第一届全国人民代表大会第五次会议通过了《全国人民代表大会关于汉语拼音方案的决议》，拉丁字母式的《汉语拼音方案》开始在全国推行。

目前，《汉语拼音方案》已成为国际上拼写汉字的国际标准方案。

二、具体内容

《汉语拼音方案》主要包括字母表、声母表、韵母表、声调表以及隔音符号，以下简单列出并说明，不列注音字母。

（一）字母表

Aa Bb Cc Dd Ee Ff Gg Hh Ii Jj Kk Ll Mm
Nn Oo Pp Qq Rr Ss Tt Uu Vv Ww Xx Yy Zz

说明①：26个字母中的25个配合成21个声母（这里指辅音声母）和39个韵母（《汉语拼音方案》的韵母表只录了35个）。

说明②：Vv有两个作用，一是用于拼写外来词、少数民族语言和某些方言，二是在国际通行的拉丁字母环境中代替ü。

（二）声母表

b p m f d t n l
g k h j q x
zh ch sh r z c s

（三）韵母表

a o e ai ei ao ou an en ang eng ong
i ia ie iao iou ian in iang ing iong

u　ua　uo　uai　uei　uan　uen　uang　ueng

ü　üe　üan　ün

说明①：卷舌元音 er 在儿化音中拼写时省略写作 r。

说明②：合口呼零声母音节打头加 w 为声母，主要作用为分清音节。

说明③：撮口呼零声母音节打头加 y 为声母，主要作用为分清音节。

说明④：撮口呼韵母与 n、l 相拼时两点不能省略，与 j、q、x 相拼时两点省略。

说明⑤：iou、uei、uen 在音节中缩写作 iu、ui、un。

说明⑥：ao［au］、iao［iau］、ong［uŋ］、iong［yŋ］本写作 au、iau、ung、üng，考虑 au 和 iau 手写过于形似极易混淆，ung 和 üng 书写不便不易辨认，由此改写为 ao、iao、ong、iong，但实际准确读音应依据原始写法及国际音标。

（四）声调表

阴平 ˉ　　阳平 ´　　上声 ˇ　　去声 ˋ

说明：声调符号标在主要元音上，轻声不标调。

（五）隔音符号

元音开头的音节接在其他音节后成词时，若音节界限发生混淆而产生歧义，则需用隔音符号"'"隔开，如 pi'ao（皮袄）。

三、价值作用

《汉语拼音方案》不仅可以用来给汉字注音，还在很多具体领域发挥着独特的价值，承担着重要的作用。

《汉语拼音方案》作为推广普通话的重要工具，几十年来在推广普通话工作中发挥了积极有效的作用。

中国有 56 个民族，各民族都有自己的语言，不少少数民族没有本民族的文字，于是《汉语拼音方案》成为少数民族创制和改革文字的重要基础。

此外，由于《汉语拼音方案》采用了和国际接轨的拉丁字母，在编排目录和索引等具体情境中可采用以拼音字母为序的方式，在特殊教育领域中可配合字母发音图解进行聋哑人发声的教学。

第三节　普通话的音位

一、普通话的音位

20世纪50年代，为了制定《汉语拼音方案》并推广普通话，音位理论被介绍引进并有效使用，自其进入中国始便具有了实用性、针对性；同时，《汉语拼音方案》的制定也推动了普通话音位的研究。汉语拼音不是记音的音标，而是拼音字母，因此不宜超出26个国际通行常用拉丁字母的范畴，在制定时亦考虑到了拼写字形易辨认、拼写规则易学习等因素。整体而言，虽存在个别特殊情况，但《汉语拼音方案》与音位归纳原则是统一的。

根据《汉语拼音方案》可归纳出普通话共计6个元音音位、21个辅音音位、4个调位。

（一）元音音位

i/i/　ü/y/　u/u/　e/e/　o/o/　a/a/

（二）辅音音位

b/p/　p/p'/　m/m/　f/f/　z/ts/　c/tsʻ/　s/s/　d/t/　t/tʻ/　n/n/　l/l/
zh/tʂ/　ch/tʂʻ/　sh/ʂ/　r/ʐ/　j/tɕ/　q/tɕʻ/　x/ɕ/　g/k/　k/kʻ/　h/x/

（三）调位

/55/　/35/　/214/　/51/

二、普通话的特殊音位

对于艺术语言的学习者、使用者而言，"正音"理应从源头入手，从国际音标/音位及《汉语拼音方案》制定的角度深刻认知汉语普通话的实际读音，音位不只是语言学、语音学的一个概念，熟习掌握普通话的音位对于正确发音、精准发音具有重要的指导价值和实践意义。

（一）i/i/

音位 /i/ 覆盖了舌面元音 [i] 和舌尖元音 [ɿ]、[ʅ]。两个舌尖元音既不能和其他元音成复韵母，也不能自成音节，[ɿ] 只能出现于 z、c、s 之后，[ʅ] 只能出现于 zh、ch、sh、r 之后，而舌面元音 [i] 不能出现于这七个辅音/声母之后，因此这三个元音形成了互补分布的关系。同时，[ɿ]、[ʅ] 实为由 [i] 分化而来，在戏曲韵脚"十三辙"中都被归入"一七辙"，说明这三个元音听感近似，归在一起不突兀。此外，将这三个元音归在一起，可以避免为 [ɿ]、[ʅ] 另设一个或两个新字母，符合音位总数以少为贵的原则。

综上，在《汉语拼音方案》中将 [i]、[ɿ]、[ʅ] 归纳为一个音位 /i/，实际写作字母 i，不涉及国际音标时可以将 [ɿ]、[ʅ] 写作 -i（前）、-i（后）以示区别。

（二）e/e/ 和 o/o/

汉语普通话韵母中出现的 [e]、[ɛ]、[ə]、[ɤ]、[o] 均分布于元音舌位图次高至次低区域内，[e] 只出现于 [-i] 之前，[ɛ] 只出现于 [i-]、[y-] 之后，[ə] 只出现于 [-n]、[-ŋ] 之前，[ɤ] 只出现于非唇音声母后零韵尾前或单成音节，[o] 只出现于唇音声母后零韵尾前，因此这五个元音形成了互补分布的关系。[e]、[ɛ]、[ə]、[ɤ] 都为展唇元音，[o] 为圆唇元音，在发音和听感上均有较为明显的区别。

综上，《汉语拼音方案》中将 [e]、[ɛ]、[ə]、[ɤ] 归纳为一个音位 /e/，实际写作字母 e；将 [o] 独立为一个音位 /o/，实际写作字母 o。

（三）ɑ/a/

音位 /a/ 覆盖了 [a]、[A]、[ɑ]、[ɛ]、[ɐ] 等五个元音。[a] 只出现于 [-i]、[-n] 之前或 [i-]、[u-] 之后，[A] 只出现于单作韵母或单成音节，[ɑ]只出现于[-u]、[-ŋ]之前，[ɛ]只出现于[i-][-n]之间或[y-][-n]之间，[e]只出现于儿化音之前，因此这五个元音形成了互补分布的关系。

综上，《汉语拼音方案》中将[a]、[A]、[ɑ]、[ɛ]、[e]归纳为一个音位/a/，实际写作字母ɑ。

第三章 音节

第一节 音节

一、音节

（一）音节的定义

音节是语音中由音位组成的最小的结构单位，也是从听觉上感受到的最自然的单位。

对于音节的划分，至今语言学界都没有一个理想的客观标准，"响度说"（响度最小处为音节分界线）、"肌肉紧张说"（肌肉张弛一次形成一个音节）等划分方法各有拥趸但均不够全面、科学。但是对于汉语来说，相较于拼音文字/语言，这样的音节定义是比较好理解的，因为除了儿化音这种特殊情况，一个汉字字音就是一个音节，正是听觉上最容易划分出来的最自然的、最小的音段。

（二）特殊的音节

在汉语普通话中，有一些音节比较特殊，在吐字发音时需要格外注意。

（1）儿化/儿化音/儿化韵不是一个独立的音节，只是卷舌动作，拼写时加"r"。

【例词实训】

玩意儿 wányìr　小鱼儿 xiǎoyúr　眼珠儿 yǎnzhūr　山坡儿 shānpōr

唱歌儿 chànggēr　号码儿 hàomǎr

（2）轻声/轻化是一个独立的音节，只是失去了原有的声调。

【例词实训】

你nǐ　我wǒ　他tā　你们nǐ|men　我们wǒ|men　他们tā|men

桌zhuō　椅yǐ　凳dèng　桌子zhuō|zi　椅子yǐ|zi　凳子dèng|zi

好hǎo　好吗hǎo|ma　好吧hǎo|ba　好哇hǎo|wa（ua）

太阳tài|yang　月亮yuè|liang　星星xīng|xing

（3）"n"处在音节开头时的强度要大于处在音节末尾时的强度，同时参考音长与停顿。

【例词实训】

发难fā|nàn　翻案fān|àn

（4）以元音开头的音节在吐字发音时一般会在前面加上喉塞音［ʔ］或双唇浊半元音［w］、舌面中浊半元音［j］等以示独立；若存在单音节/双音节歧义还需参考一个/两个完整声调。

【例词实训】

里昂lǐ|áng［li²¹⁴ʔɑŋ³⁵］　凉liáng［liaŋ³⁵］

西欧xī|ōu［ɕi⁵⁵ʔou⁵⁵］　修xiū（xiou）［ɕiou⁵⁵］

西安xī|ān（xi'an）　吸烟xī|yān（iān）［ɕi⁵⁵jiɛn⁵⁵］　先xiān［ɕiɛn⁵⁵］

须臾xū|yú［ɕy⁵⁵jy³⁵］　徐xú［ɕy³⁵］

（5）汉语音节一般以元音作为核心，辅音作为音节核心，即辅音单独成音节的极少，且以浊辅音居多。

【例词实训】

ng［ŋ］/［n］（汉语普通话"嗯"）　m［m］（汉语普通话"呣"）

［n］（吴方言苏州话"你"）　［ŋ］（江淮方言盐城话"我"）

［ts］（汉语方言/普通话中普遍存在的缩气清辅音语气词，无汉字与之对应，一般以"啧"代替）

二、普通话的音节

（一）反切法

汉藏语系的语言音节结构简单明晰，依据这一特点，汉代的儒生结合梵文拼音字理的启发，创制了给生僻字注音的反切法。反切，即将一个汉字的音节分为前半部分和后半部分，前半部分即音节开头的辅音称为声母，后半部分即声母后面统称为韵母。遇到难认的生僻字，便用两个相对常用的字为其注音，取前字的声母和后字的韵母及声调，如"赘，章锐反""冬，都宗切"。后来逐渐完善扩展为汉字注音方法。反切法的出现标志着汉语语音学的发端，至唐代日益精密，后不断改良，一直沿用至1918年国语注音字母出现。

反切法对于汉语音节声母和韵母的划分，清晰地揭示了汉语音节的结构特征、组合规律，符合汉语音节结构的特点，不仅能够用以研究汉藏语系的所有语言，而且是学习、研究现代汉语普通话必不可少的概念。

（二）普通话的音节结构特点

普通话的一个音节最多可以用四个音素符号来拼写，即四个国际音标或六个汉语拼音字母，如"窗 chuāng [tʂ'uɑŋ^{55}]"。

元音在普通话音节中占优势，一个音节中最多可以有三个元音音素符号且必须连续出现，分别充当韵头、韵腹、韵尾，如"标 biāo"；如果一个音节只有一个音素，那么除极个别情况外都是元音，如"额 é"。

辅音只出现于普通话音节的开头或结尾，充当声母或韵尾，辅音韵尾仅有 –n 和 –ng；普通话音节中可以没有辅音，也没有两个辅音相连的情况。

普通话音节不能没有韵腹，不能没有声调，可以没有辅音声母、韵头、韵尾。

表 2 普通话音节结构表

结构特征	例字	声母	韵母 韵头	韵母 韵腹	韵母 韵尾
齐全	专	zh	u	a	n
缺声母	弯		u	a	n
缺韵头	沾	zh		a	n
缺韵尾	抓	zh	u	a	
缺声母、韵头	安			a	n
缺声母、韵尾	挖		u	a	
缺韵头、韵尾	扎	zh		a	
缺声母、韵头、韵尾	阿			a	

第二节 声母

一、声母的分类

声母，即普通话音节开头的辅音。按照声母的存在方式分类，可以将声母分为辅音声母、零声母两类。

（一）辅音声母

前文已述，普通话共有22个辅音，其中舌根鼻音ng[ŋ]只能出现于音节末尾充当韵尾，不能出现于音节开头充当声母；舌尖中鼻音n[n]既能出现于音节末尾充当韵尾，亦能出现于音节开头充当声母；其余20个辅音均只能出现于音节开头充当声母。

【例词实训】

b-p

逼迫—破壁 般配—陪伴 编排—牌匾

被服—佩服 毕竟—僻静 半途—叛徒

火爆—火炮 男兵—男乒 七遍—欺骗

d–t

答题—踢打　等同—筒灯　稻田—天道

地带—替代　兑换—退换　吊车—跳车

河道—河套　角度—狡兔　远东—远通

g–k

顾客—刻骨　观看—看官　高空—恐高

个体—客体　骨干—苦干　工匠—空降

办公—半空　河谷—何苦　烛光—竹筐

（二）零声母

普通话的大部分音节都由声母、韵母、声调构成，但是也有一些音节没有辅音声母，这样的音节被称为零声母音节。零声母不代表没有声母，零声母也是一种声母，声母位置占有一个"虚位"，对于语音的历史研究和比较研究具有重要意义。

在《汉语拼音方案》中，规定使用隔音字母y、w占据"虚位"书写i、ü、u自成音节或以其打头的音节，除此之外的零声母音节书写时不另加字母。普通话中共计35个零声母音节。

1. i组

零声母音节i、ia、ie、iao、iou、ian、in、iang、ing、iong，书写时i写作y，若改写之后音节中没有元音音素则直接在音节前加上y，具体写为yi、ya、ye、yao、you、yan、yin、yang、ying、yong。

【例词实训】

咿呀　夜游　谣言　阴阳　英勇

2. ü组

零声母音节ü、üe、üan、ün，书写时ü亦写作y，同时ü上两点省略，具体写为yu、yue、yuan、yun。

【例词实训】

月晕　冤狱

3. u 组

零声母音节 u、ua、uo、uai、uei、uan、uen、uang、ueng，书写时 u 写作 w，若改写之后音节中没有元音音素则直接在音节前加上 w，具体写为 wu、wa、wo、wai、wei、wan、wen、wang、weng。

【例词实训】

瓦屋　外围　万望　问我　嗡嗡

4. 其他组

零声母音节 a、o、e、er、ai、ao、ou、an、en、ang、eng、ê，书写时不另加隔音字母。注意：ei 不能自成音节，零声母音节 ê [ɛ] 实际读音接近 ei [ei]，在输入法中以 ei 拼写。

【例词实训】

挨饿　傲岸　偶尔　恩爱　昂昂　啊　哦　鞡　欸

二、声母的特点

（1）普通话声母有三套整齐相配的塞擦音和擦音，即 z [ts]、c [tsʻ]、s [s]，zh [tʂ]、ch [tʂʻ]、sh [ʂ]，j [tɕ]、q [tɕʻ]、x [ɕ]。其中，翘舌音 zh [tʂ]、ch [tʂʻ]、sh [ʂ] 是很多方言中所没有的。另外，sh [ʂ] 的同部位浊音 r [ʐ] 也是很多方言中没有的。

【例词实训】

z [ts]、c [tsʻ]、s [s]–z [ts]、c [tsʻ]、s [s]

字词　子嗣　赐死　次子　私自　四次

zh [tʂ]、ch [tʂʻ]、sh [ʂ]–zh [tʂ]、ch [tʂʻ]、sh [ʂ]

支持　知识　吃食　迟滞　实质　市尺

j [tɕ]、q [tɕʻ]、x [ɕ]–j [tɕ]、q [tɕʻ]、x [ɕ]

机器　即席　气息　契机　袭击　稀奇

z[ts]–zh[tʂ]

自制—质子　罪状—装醉　振作—坐镇

c[ts']–ch[tʂ']

磁场—唱词　仓储—出舱　操持—吃草

s[s]–sh[ʂ]

私塾—殊死　损失—石笋　松鼠—输送

z[ts]–j[tɕ]

杂技—鸡杂　自己—集资　作家—佳作

c[ts']–q[tɕ']

瓷器—砌词　草签—茜草　藏钱—潜藏

s[s]–x[ɕ]

四喜—细丝　塞下—夏赛　塑形—刑诉

zh[tʂ]–j[tɕ]

直接—戒指　札记—叽喳　斋戒—借债

ch[tʂ']–q[tɕ']

痴情—清池　插曲—去查　柴犬—全拆

sh[ʂ]–x[ɕ]

实习—稀释　砂洗—西沙　身心—心神

r[ʐ]–l[l]–i[i]

扰攘—老狼—要养　柔然—楼兰—油盐　柔弱—喽啰—优渥

r[ʐ]、l[l]、i[i]–z[ts]、c[tsʻ]、s[s]

日子—例子—椅子　肉菜—漏财—油菜　染色—蓝色—颜色

r[ʐ]、l[l]、i[i]–zh[tʂ]、ch[tʂʻ]、sh[ʂ]

日志—立志—意志　肉串—楼船—游船　染上—滥觞—盐商

r[ʐ]、l[l]、i[i]–j[tɕ]、q[tɕʻ]、x[ɕ]

日均—立君—抑菌　燃气—岚气—烟气　肉馅—露馅—诱陷

（2）普通话有唇齿擦音f[f]。

普通话以f[f]和h[x]作为声母的音节在一些方言中会将这两个声母部分合并或全部合并。

【例词实训】

f[f]–h[x]

法会—挥发　返回—烩饭　分化—划分
防护—互访　凤凰—黄蜂　复核—和服
海防—妨害　豪放—房号　后方—房后
换房—防患　混纺—芳魂　祸福—复活

（3）普通话能分鼻音n[n]和边音l[l]。

大约有一半的方言不分这两个声母，有些呈现出一定的规律性，有些则是自由变读。

【例词实训】

n[n]–l[l]

那里—李娜　脑力—利脑　历年—年历
呦呦—牢牢　袅袅—了了　诺诺—荦荦

年代—连带　怒诉—露宿　诺言—络盐

冰凝—冰凌　姑娘—估量　林农—林龙

美女—镁铝　木讷—穆勒　水牛—水流

腾挪—藤萝　犀牛—溪流　豫南—玉兰

（4）普通话浊音声母少。

普通话中仅有m[m]、n[n]、l[l]、r[ʐ]等四个浊音，很多方言中浊音声母丰富。

【例词实训】

m[m]–n[n]–l[l]–r[ʐ]

麻辣牛肉　内蒙乳酪　栏目内容　人民南路

表3　普通话声母表

发音部位		双唇	唇齿	舌尖前	舌尖中	舌尖后	舌面	舌根
塞	清 不送气	b			d			g
	清 送气	p			t			k
塞擦	清 不送气			z		zh	j	
	清 送气			c		ch	q	
擦	清		f	s		sh	x	h
	浊					r		
鼻	浊	m			n			
边	浊				l			

第三节　韵母

一、韵母的分类

韵母，即普通话音节声母之后的部分。按照构成韵母音素的组合方式分类，可以将韵母分为单韵母、复韵母、鼻韵母三类。按照构成韵母的开头音素分类，可以将韵母分为开口呼、齐齿呼、合口呼、撮口呼四类。

（一）按组合方式分

1.单韵母

前文已述，普通话共有10个单元音，其中6个舌面元音i[i]、ü[y]、u[u]、o[o]、e[ɤ]、ɑ[a]既可自成音节，亦可与声母相拼；两个舌尖元音-i（前）[ɿ]、-i（后）[ʅ]只能出现于同部位的塞擦音、擦音声母之后；卷舌元音er[ɚ]、语气元音ê[ɛ]均只能自成音节，不能与声母相拼。普通话的这10个单元音亦即10个单元音韵母，简称单韵母。

【例词实训】

i[i]–ü[y]

继续—蓄积　谜语—玉米　例句—举例
履历—利率　语气—奇遇　曲艺—意趣
里程—旅程　戏曲—序曲　臆测—预测
分期—分区　容易—荣誉　书籍—书局

u[u]–o[o]

不破—破布　覆没—末伏　木佛—佛母
拜佛—拜服　木钵—幕布　水泊—水瀑
磨砺—牡蛎　佛光—浮光　破壳—扑克

e[ɤ]–ɑ[a]

得法—法德　河坝—拔河　克拉—拉客

2.复韵母

元音在音节中的结合称为复合元音/复元音，两个元音结合而成的称为二合复元音/二合元音，三个元音结合而成的称为三合复元音/三合元音。复合元音韵母简称复韵母，即由二合元音或三合元音充当音节韵母。

在发单元音时，舌位高低、舌位前后、唇形圆展没有明显的移动变化；而发复合元音时，舌位高低、舌位前后、唇形圆展会有一个连续的移动变化，这种移动变化的过程被称为舌位动程。

复韵母的发音不是简单地由两个或三个元音的发音连续相加，而是由一个元音自然滑动、位移到另一个元音，音质的变化是连续不断的。经过这样的一个动程之后，这些元音都不再独立存在，而是和前后的元音组合成一个全新的固定"音组"，且均不再是发单元音时的标准位置，而是呈现向前后元音偏移的倾向。

复韵母中的各个元音在音强和音长上是不均衡的，其中只有一个听起来最为响亮、清晰、持久，这个元音又被称为韵腹。二合复元音韵母有前响、后响之分，发音时分别表现为先强后弱、先弱后强；普通话的三合复元音韵母一定是中间元音最为响亮、清晰、持久，发音时表现为由弱到强再到弱，被称为中响复韵母。

普通话共有13个复韵母，包括4个前响二合复元音韵母、5个后响二合复元音韵母和4个中响三合复元音韵母。

实训中的例词覆盖了所有声韵配合组成的音节，便于学习、记忆、练习。

ɑi[ai]：前响二合复元音韵母。

【发音指要】

由前低展唇元音ɑ[a]开始，舌面向前高展唇元音i[i]滑动、抬升，大致在前次高展唇元音[ɪ]处收尾。唇形由开渐至微合。

注意①：ɑ受i影响实际发音靠前，为"前ɑ"[a]，归于音位/a/，实际写作字母a；i受ɑ影响实际发音舌位比i[i]略低，大致为前次高展唇元音[ɪ]。

注意②：因是"前ɑ"[a]，发音时舌尖可抵下齿背。

【例词实训】

矮寨　白菜　拍卖　奶盖　开赛　海带　拆台　晒台　再来

ei[ei]：前响二合复元音韵母。

【发音指要】

由前半高展唇元音e[e]开始，舌面向前高展唇元音i[i]滑动、抬升，大致在前次高展唇元音[ɪ]处收尾。唇形微合。

注意：[e]只出现于[-i]之前，归于音位/e/，实际写作字母e；i受e影响实际发音舌位比i[i]略低，大致为前次高展唇元音[ɪ]。

【例词实训】

蓓蕾　非得　内培　黑莓　这谁（口语）

ao[ɑu]：前响二合复元音韵母。

【发音指要】

由后低展唇元音a[ɑ]开始，舌面向后高圆唇元音u[u]滑动、抬升。唇形由开渐至圆。

注意①：a受u影响实际发音靠后，为"后a"[ɑ]，归于音位/a/，实际写作字母a。

注意②：因是"后a"[ɑ]，发音时舌尖不可抵下齿背。

注意③：前文已述，《汉语拼音方案》将au写成ao，发音时应归音于[u]而不是[o]，归音时重在圆唇，[u]音不需清晰明确。

【例词实训】

凹槽　报道　抛锚　叨扰　牢骚　搞好　招考　吵闹　稍早

ou[ou]/[əu]：前响二合复元音韵母。

【发音指要】

由后半高圆唇元音o[o]开始，舌面向后高圆唇元音u[u]滑动、抬升。唇形由略圆渐至圆。由于普通话o比国际音标中定位元音[o]舌位略偏低、偏央，因此在发ou时亦会由央元音[ə]开始，实际发为[əu]，唇形由舒展渐至圆。两种发音均可接受。

注意①：若发[ou]，起始唇形不可过开；若发[əu]，起始唇形不可过扁。

注意②：归音时重在圆唇，[u]音不需清晰明确。

【例词实训】

欧洲　剖否　兜售　褴褛　佝偻　抠搜　喉头　筹谋　走肉　凑凑

iɑ[ia]：后响二合复元音韵母。

【发音指要】

由前高展唇元音i[i]开始，舌面向前低展唇元音ɑ[a]滑动、下降，唇形由微合渐至开。

注意①：ɑ实际发音为"前ɑ"[a]，略偏"央ɑ"[A]，归于音位/a/，实际写作字母ɑ。

注意②：i为韵头，既不能丢失或过短，亦不能过重或过长。

【例词实训】

掐架　下压　嗲声　咱俩

ie[iɛ]：后响二合复元音韵母。

【发音指要】

由前高展唇元音i[i]开始，舌面向前半低展唇元音e[ɛ]滑动、下降，唇形由微合渐至略开。

注意①：e实际发音为[ɛ]而不是[e]，即为语气元音ê[ɛ]，归纳于音位/e/，实际写作字母e。

注意②：i为韵头，既不能丢失或过短，亦不能过重或过长。

【例词实训】

冶铁　别捏　乜斜　趔趄　戒牒　瞥见

uɑ[ua]：后响二合复元音韵母。

【发音指要】

由后高圆唇元音u[u]开始，舌面向前低展唇元音ɑ[a]滑动、下降，唇形由圆渐至开。

注意①：a实际发音为"前a"[a]，略偏"央a"[A]，归于音位/a/，实际写作字母a。

注意②：u为韵头，既不能丢失或过短，亦不能过重或过长。

【例词实训】

刮花　跨抓　耍娃　欻欻

uo[uo]：后响二合复元音韵母。

【发音指要】

由后高圆唇元音u[u]开始，舌面向后半高圆唇元音o[o]滑动、下降，唇形由圆渐至略圆。

注意①：保持唇形由圆渐至略圆，不能展唇读成[uɘ]，亦不能读成单元音[ɔ]。

注意②：u为韵头，既不能丢失或过短，亦不能过重或过长。

【例词实训】

我说　哆嗦　懦弱　落座　国货　阔绰　蹉跎　着落

üe[yɛ]：后响二合复元音韵母。

【发音指要】

由前高圆唇元音ü[y]开始，舌面向前半低展唇元音e[ɛ]滑动、下降，唇形由扁圆渐至略开。

注意①：e实际发音为[ɛ]而不是[e]，即为语气元音ê[ɛ]，归纳于音位/e/，实际写作字母e。

注意②：ü为韵头，既不能丢失或过短，亦不能过重或过长。

【例词实训】

约略　绝学　雀跃　虐待

iao[iɑu]：中响三合复元音韵母。

【发音指要】

由前高展唇元音i[i]开始，舌面先向后低展唇元音a[ɑ]滑动、下降，再向后高圆唇元音u[u]滑动、抬升。舌位先降再升、由前至后，唇形由微合至开再至圆。

注意①：a受u影响实际发音靠后，为"后a"[ɑ]，归于音位/a/，实际写作字母a。

注意②：i为韵头，既不能丢失或过短，亦不能过重或过长；u为韵尾，归音时重在圆唇，[u]音不需清晰明确。

注意③：整体发音应轻捷饱满，不应拉长拖沓。

【例词实训】

窈窕　缥缈　掉膘　褒袅　料峭　叫嚣

iou[iou]/[iəu]：中响三合复元音韵母。

【发音指要】

由前高展唇元音i[i]开始，舌面先向后半高圆唇元音o[o]或央元音[ə]滑动、下降，再向后高圆唇元音u[u]滑动、抬升。舌位先降再升、由前至后，唇形由微合至舒展再至圆。

注意①：o为韵腹，iou在音节中缩写作iu，发音时不能忽略。

注意②：i为韵头，既不能丢失或过短，亦不能过重或过长；u为韵尾，归音时重在圆唇，[u]音不需清晰明确。

注意③：整体发音应轻捷饱满，不应拉长拖沓。

【例词实训】

丢牛　久留　秋游　优秀　谬论

uai[uai]：中响三合复元音韵母。

【发音指要】

由后高圆唇元音u[u]开始，舌面向前低展唇元音a[a]滑动、下降，再向前高展唇元音i[i]滑动、抬升，大致在前次高展唇元音[ɪ]处收尾。舌位先降再升、由后至前，唇形由圆至开再至微合。

注意①：a受i影响实际发音靠前，为"前a"[a]，归于音位/a/，实际写作字母a。

注意②：u为韵头，既不能丢失或过短，亦不能过重或过长；i为韵尾，受a影响实际发音舌位比i[i]略低，大致为前次高展唇元音[ɪ]。

注意③：整体发音应轻捷饱满，不应拉长拖沓。

【例词实训】

外快　乖乖　拽踹　摔坏

uei[uei]：中响三合复元音韵母。

【发音指要】

由后高圆唇元音u[u]开始，舌面向前半高展唇元音e[e]滑动、下降，再向前高展唇元音i[i]滑动、抬升，大致在前次高展唇元音[ɪ]处收尾。舌位先降再升、由后至前，唇形由圆至微开再至微合。

注意①：[e]只出现于[-i]之前，归于音位/e/，实际写作字母e。e为韵腹，uei在音节中缩写作ui，发音时不能忽略。

注意②：u为韵头，既不能丢失或过短，亦不能过重或过长；i为韵尾，受e影响实际发音舌位比i[i]略低，大致为前次高展唇元音[ɪ]。

注意③：整体发音应轻捷饱满，不应拉长拖沓。

【例词实训】

葳蕤　退税　愧对　会徽　垂坠　醉鬼　碎催

3. 鼻韵母

由鼻音作为韵尾的韵母即为鼻韵母。普通话的辅音韵尾仅有–n和–ng，均为鼻音。由舌尖中鼻音n[n]作为韵尾的韵母简称前鼻音韵母/前鼻音，由舌根鼻音ng[ŋ]作为韵尾的韵母简称后鼻音韵母/后鼻音。

与复韵母的发音相似，鼻韵母亦不是简单地由元音和辅音的发音连续相加，而是由元音自然滑动、位移到鼻辅音韵尾，音质的变化是连续不断的。经过这样的一个动程之后，这些音都不再独立存在，而是组合成一个全新的固定"音组"，亦会出现偏移标准发音位置的倾向。

普通话共有16个鼻韵母，包括8个前鼻音韵母和8个后鼻音韵母。

实训中的例词覆盖了所有声韵配合组成的音节，便于学习、记忆、练习。

an[an]：前鼻音韵母。

【发音指要】

发出前低展唇元音a[a]后，舌尖向上齿龈抬升，舌尖中部抵住上齿背与上齿龈的交界处，同时舌体边缘自然接触上齿背与上齿龈，堵住口腔通路，软腭下垂打开鼻腔通路，气流由鼻腔通过。唇形由开至微合。

注意①：a受n影响实际发音靠前，为"前a"[a]，归于音位/a/，实际写作字母a。

注意②：舌尖中部抵住上齿背与上齿龈的交界处时应轻捷有力，舌面不可抵住硬腭，否则易使发音含混不清。

【例词实训】

安然　斑斓　盘缠　蛮干　犯难　单看　贪占　汗衫　参赞　毵毵

ang[ɑŋ]：后鼻音韵母。

【发音指要】

发出后低展唇元音a[ɑ]后，舌面后部自然隆起靠近软腭，同时舌体边缘自然接触上齿背与上齿龈，堵住口腔通路，软腭下垂打开鼻腔通路，气流由鼻腔通过。唇形由开至略合，亦可保持发[ɑ]时的唇形。

注意①：a受ng影响实际发音靠后，为"后a"[ɑ]，归于音位/a/，实际写作字母a。

注意②：舌尖不可触抵下齿背，舌体应后缩靠近软腭。

【例词实训】

肮脏　帮忙　旁让　行当　方丈　螳螂　刚刚　康藏　厂商　沧桑

en［ən］：前鼻音韵母。

【发音指要】

发出央元音［ə］后，舌尖向上齿龈抬升，舌尖中部抵住上齿背与上齿龈的交界处，同时舌体边缘自然接触上齿背与上齿龈，堵住口腔通路，软腭下垂打开鼻腔通路，气流由鼻腔通过。唇形由舒展至微合。

注意①：e实际发音为［ə］，归于音位/e/，实际写作字母e。

注意②：舌尖中部抵住上齿背与上齿龈的交界处时应轻捷有力，舌体迅速堵住口腔通路发出鼻音，不可拖泥带水，否则易使发音含混不清。

【例词实训】

恩人　门诊　分盆　很嫩　根本　深沉　怎肯　涔涔　森森　扽平

eng［əŋ］：后鼻音韵母。

【发音指要】

发出央元音［ə］后，舌面后部自然隆起靠近软腭，同时舌体边缘自然接触上齿背与上齿龈，堵住口腔通路，软腭下垂打开鼻腔通路，气流由鼻腔通过。唇形由舒展至略合，亦可保持发［ə］时的唇形。

注意①：e实际发音为［ə］，归于音位/e/，实际写作字母e。

注意②：舌体应后缩靠近软腭，可放慢动程向后靠，拉长音长并拉开与en的距离。

【例词实训】

绷绳　鬅鬙　丰登　崚嶒　更正　恒增　坑蒙　逞能　仍疼　繇耱

ian［iɛn］：前鼻音韵母。

【发音指要】

由前高展唇元音i［i］开始，舌面先向前低展唇元音a［a］滑动、下降，大致到达前半低展唇元音［ɛ］后舌尖向上齿龈抬升，舌尖中部抵住上齿背与上齿龈的交界处，同时舌体边缘自然接触上齿背与上齿龈，堵住口腔通路，软腭下垂打开鼻腔通路，气流由鼻腔通过。唇形由微合至开再至微合。

注意①：a受前面i和后面n的舌位影响实际发音舌位偏高，为前半低展唇元音[ɛ]，归于音位/a/，实际写作字母a。

注意②：东北、冀鲁等方言区以及"望文生音"者易读作[iαn]，发音时应控制口腔开度。

【例词实训】

演变　偏见　腼腆　惦念　敛钱　鲜艳

iang[iɑŋ]：后鼻音韵母。

【发音指要】

由前高展唇元音i[i]开始，舌面先向后低展唇元音a[ɑ]后滑动、下降，随后舌面后部自然隆起靠近软腭，同时舌体边缘自然接触上齿背与上齿龈，堵住口腔通路，软腭下垂打开鼻腔通路，气流由鼻腔通过。唇形由微合至开再至略合。

注意：a受ng影响实际发音靠后，为"后a"[ɑ]，归于音位/a/，实际写作字母a。

【例词实训】

酿酱　踉跄　洋相

in[in]：前鼻音韵母。

【发音指要】

发出前高展唇元音i[i]后，舌尖向上齿龈抬升，舌尖中部抵住上齿背与上齿龈的交界处，同时舌体边缘自然接触上齿背与上齿龈，堵住口腔通路，软腭下垂打开鼻腔通路，气流由鼻腔通过。唇形自然无变化。

注意①：除北方方言区的北京官话、中原官话、东北官话、冀鲁官话、胶辽官话等，大部分方言区均有前后鼻音尤其是in-ing不分的问题。en的发音相对简单，与in相较韵尾相同，只是韵腹舌位高低略有区别，可以en-in连发，找到收音时正确的位置。

注意②：舌尖中部抵住上齿背与上齿龈的交界处时应轻捷有力，舌体迅速堵住口腔通路发出鼻音,不可拖泥带水,否则易使发音含混不清介于in–ing之间。

【例词实训】

濒临　贫民　亲近　音信　您好

ing[iŋ]：后鼻音韵母。

【发音指要】

发出前高展唇元音i[i]后,舌体后缩,舌面后部自然隆起靠近软腭,同时舌体边缘自然接触上齿背与上齿龈,堵住口腔通路,软腭下垂打开鼻腔通路,气流由鼻腔通过。唇形由微开至略合。

注意：[i]和[ŋ]舌位一前一后、距离较远,发音时可能会出现过渡音[ə],即实际发音可能为[iəŋ],可以此改进发音偏前的问题,拉长音长似"ieng",并拉开与in的距离。

【例词实训】

冰凌　平定　命名　听清　宁静　影星

uan[uan]：前鼻音韵母。

【发音指要】

由后高圆唇元音u[u]开始,舌面先向前低展唇元音a[a]后滑动、下降,随后舌尖向上齿龈抬升,舌尖中部抵住上齿背与上齿龈的交界处,同时舌体边缘自然接触上齿背与上齿龈,堵住口腔通路,软腭下垂打开鼻腔通路,气流由鼻腔通过。唇形由圆至开再至微合。

注意①：a受n影响实际发音靠前,为"前a"[a],归于音位/a/,实际写作字母a。

注意②：可视为u+an,但u音轻短,舌位动程应轻捷。

【例词实训】

万贯　短款　团圆　暖暖　转换　涮串　酸软　钻窜

uang[uɑŋ]：后鼻音韵母。

【发音指要】

由后高圆唇元音u[u]开始，舌面先向后低展唇元音a[ɑ]后滑动、下降，随后舌面后部自然隆起靠近软腭，同时舌体边缘自然接触上齿背与上齿龈，堵住口腔通路，软腭下垂打开鼻腔通路，气流由鼻腔通过。唇形由圆至开再至略合。

注意①：a受ng影响实际发音靠后，为"后a"[ɑ]，归于音位/a/，实际写作字母a。

注意②：可视为u+ang，但u音轻短，舌位动程应轻捷。

【例词实训】

忘光　状况　憧憧　双簧

uen[uən]：前鼻音韵母。

【发音指要】

由后高圆唇元音u[u]开始，舌面先向央元音[ə]滑动、下降，随后舌尖向上齿龈抬升，舌尖中部抵住上齿背与上齿龈的交界处，同时舌体边缘自然接触上齿背与上齿龈，堵住口腔通路，软腭下垂打开鼻腔通路，气流由鼻腔通过。唇形由圆至舒展再至微合。

注意①：e实际发音为[ə]，归于音位/e/，实际写作字母e。uen在音节中缩写作un，发音时不能忽略。

注意②：可视为u+en，但u音轻短，舌位动程应轻捷。

【例词实训】

温润　滚轮　困顿　准婚　春笋　尊顺　村屯

ueng[uəŋ]：后鼻音韵母。

【发音指要】

由后高圆唇元音u[u]开始，舌面先向央元音[ə]滑动、下降，随后舌面后部自然隆起靠近软腭，同时舌体边缘自然接触上齿背与上齿龈，堵住口腔通路，软腭下垂打开鼻腔通路，气流由鼻腔通过。唇形由圆至舒展再至略合。

注意①：e实际发音为[ə]，归于音位/e/，实际写作字母e。

注意②：可视为u+eng，但u音轻短，舌位动程应轻捷。

注意③：ueng实由ong（ung）分出来只作为零声母音节。

【例词实训】

嗡嗡　老翁　小瓮

ong[uŋ]：后鼻音韵母。

【发音指要】

发出后高圆唇元音u[u]后，舌面后部自然隆起靠近软腭，同时舌体边缘自然接触上齿背与上齿龈，堵住口腔通路，软腭下垂打开鼻腔通路，气流由鼻腔通过。唇形由圆至略合。

注意①：ong本为ung，出于书写辨认等原因将ung改写为ong，实际读音为[uŋ]。《汉语拼音方案》将ung的零声母单独写作ueng，ung又改写为ong，因此亦可将ueng视为ong的零声母音节。

注意②：u舌位最高，o舌位半高，发音时应控制口腔开度，不可"望文生音"。

【例词实训】

动工　崆峒　倥偬　洪钟　重弄　葱茏　松茸

iong[yŋ]：后鼻音韵母。

【发音指要】

发出前高圆唇元音ü[y]后，舌面后部自然隆起靠近软腭，同时舌体边缘自然接触上齿背与上齿龈，堵住口腔通路，软腭下垂打开鼻腔通路，气流由鼻腔通过。唇形由扁圆至略合。

注意①：iong本为üng，出于书写辨认等原因将üng改写为iong，实际读音为[yŋ]；且iong实际无韵头，io实为ü即韵腹，发音时不可有i至o的动程。

注意②：i和ü虽然都是前高元音，但前者展唇，后者圆唇，发音时应控制唇形，应不可"望文生音"。

【例词实训】

穷窘　汹涌

üan[yɛn]：前鼻音韵母。

【发音指要】

由前高圆唇元音ü[y]开始，舌面先向前低展唇元音a[a]滑动、下降，大致到达前半低展唇元音[ɛ]后舌尖向上齿龈抬升，舌尖中部抵住上齿背与上齿龈的交界处，同时舌体边缘自然接触上齿背与上齿龈，堵住口腔通路，软腭下垂打开鼻腔通路，气流由鼻腔通过。唇形由扁圆至略开再至微合。

注意①：a受ü和n相对高舌位的影响，实际发音舌位偏上，为前半低展唇元音[ɛ]，归于音位/a/，实际写作字母a。

注意②：[ɛ]的舌位相对偏中间，发音时应控制口腔开度，舌位不可过高或过低。

【例词实训】

全捐　轩辕

ün[yn]：前鼻音韵母。

【发音指要】

发出前高圆唇元音ü[y]后，舌尖向上齿龈抬升，舌尖中部抵住上齿背与上齿龈的交界处，同时舌体边缘自然接触上齿背与上齿龈，堵住口腔通路，软腭下垂打开鼻腔通路，气流由鼻腔通过。唇形由扁圆至微合。

注意：笼统而言，广大南方方言区普遍易将元音ü鼻化，主要原因为舌尖未能抵住上齿背与上齿龈，舌体未能堵住口腔通路，导致无法发出鼻音，遂以鼻化元音来代替鼻音。发音时，舌尖中部应轻捷有力地抵住上齿背与上齿龈的交界处，舌体应迅速堵住口腔通路，从而发出鼻音。

【例词实训】

均匀　逡巡

（二）按开头音素分

前文已述，普通话的韵母可以进一步划分为韵头、韵腹、韵尾。韵头又称介音，介于声母和韵腹之间，发音紧短，是音节开头部分，舌位动程亦由此开始，只由 i、ü、u 充当。韵腹又称主要元音，是音节必不可少的最为响亮、清晰、持久的主体部分，10 个单元音均可充当。韵尾又称收音，发音弱短，是音节收尾部分，只由元音 i、o（u）和鼻辅音 n、ng 充当。

传统语音学分析方法按照韵母开头元音的唇形将韵母分为四类，即开口呼、齐齿呼、合口呼、撮口呼，又称四呼。

实训中的例词覆盖了所有韵母，便于学习、记忆、练习。

1. 开口呼

没有韵头、韵腹又不是 i、u、ü 的韵母，共有 15 个，分别是 a、o、e、-i（前）、-i（后）、er、ê、ai、ei、ao、ou、an、en、ang、eng。

【例词实训】

傲岸　偶尔　字纸　悲哀　背恩　饿哦　诶啊　盎然　繋鞥

2. 齐齿呼

韵头或韵腹是 i[i] 的韵母，共有 9 个，分别是 i、ia、ie、iao、iou、ian、in、iang、ing。

【例词实训】

意义　野鸭　耀眼　引诱　营养

3. 合口呼

韵头或韵腹是 u 的韵母，共有 10 个，分别是 u、ua、uo、uai、uei、uan、uen、uang、ong（ung）、ueng。

【例词实训】

屋外　我娃　委婉　文王　翁仲

4. 撮口呼

韵头或韵腹是ü的韵母，共有5个，分别是ü、üe、üan、ün、iong（üng）。

【例词实训】

愉悦　渊源　运用

二、韵母的特点

（1）普通话有舌尖韵母［ɿ］和［ʅ］。

舌尖韵母 –i（前）［ɿ］、–i（后）［ʅ］只能出现于同部位的塞擦音、擦音声母之后，对应相拼，一些方言中没有翘舌音便没有 –i（后）［ʅ］。

【例词实训】

资质　自持　子时　日子　丝质　赤司　私事　四日　辞职　持此

磁石　次日

（2）普通话有卷舌韵母er［ɚ］。

笼统而言，北方方言区大多有此音，广大南方方言区大多无此音。且 er［ɚ］只能自成音节，不能与声母相拼。

【例词实训】

儿女　洱海　二维

（3）普通话四呼俱全且复韵母多。

一些方言中没有撮口呼，一些方言中韵母单元音化情况较为普遍。

【例词实训】

爱我　亚奥　夜月　腰围　优游　挖藕　外媒

（4）普通话辅音韵尾只有 –n［n］和 –ng［ŋ］。

汉语辅音韵尾有塞音和鼻音两大类，普通话没有塞音韵尾，辅音韵尾亦只有 –n［n］和 –ng［ŋ］；方言辅音韵尾情况则较为复杂。

【例词实训】

昂扬　延安　营运　万元　綮音　忘恩　空城　勇翁

表 4　普通话韵母表

	开口呼（15）	齐齿呼（9）	合口呼（10）	撮口呼（5）
单韵母（10）		i [i]	u [u]	ü [y]
	a [a/A/ɑ/ɐ]	ia [ia]	ua [ua]	
	o [o]		uo [uo]	
	e [e/ɛ/ə/ɤ]	ie [iɛ]		üe [yɛ]
	-i（前）[ɿ]			
	-i（后）[ʅ]			
	er [ɚ]			
	ê [ɛ]			
复韵母（13）	ai [ai]		uai [uai]	
	ei [ei]		uei [uei]	
	ao [ɑu]	iao [iɑu]		
	ou [ou] / [əu]	iou [iou] / [iəu]		
鼻韵母（16）	an [an]	ian [iɛn]	uan [uan]	üan [yɛn]
	en [ən]	in [in]	uen [uən]	ün [yn]
	ang [ɑŋ]	iang [iɑŋ]	uang [uɑŋ]	
	eng [əŋ]	ing [iŋ]	ong（ung）[uŋ]	iong（üng）[yŋ]
			ueng [uəŋ]	

第四节　声韵配合

一、普通话声韵配合关系

普通话共有22个声母（21个辅音声母、1个零声母）和39个韵母，可能构成的音节数应有800多个，但实际存在的音节仅有410个左右，如b[p]、p[p']、m[m]、f[f]能和合口呼韵母相拼，但只能和单韵母u[u]相拼。由此可见，普通话的声母和韵母配合是有限制的，也是约定俗成的，不是每一个声母和韵母都可以组成音节。

普通话中，声母能和四呼都配合的只有n[n]、l[l]和零声母。声母发音部位相同，韵母所属四呼相同，那么其配合关系一般亦相同。总体而言，开口呼韵母配合能力最强，除 j[tɕ]、q[tɕʻ]、x[ɕ] 外的声母均能与之相拼，而开口呼韵母最多，因此普通话音节中开口呼韵母几乎占到一半；撮口呼韵母最少，且只能和6个声母相拼，因此在普通话音节中出现频率最低。

普通话声音配合关系中也存在一些特殊情况。-i(前)[ɿ]、-i(后)[ʅ] 只能出现于同部位的塞擦音、擦音声母之后。er[ɚ]、ê[ɛ] 虽然均是开口呼韵母，但只能自成音节。d[t]、t[tʻ]、n[n]、l[l] 虽然能和开口呼韵母相拼，但能和 en[ən] 相拼的只有 d[t] 和 n[n]；虽然也能和齐齿呼韵母相拼，但能和 ia[ia] 相拼的只有 l[l]。

二、普通话声韵配合特殊音节

前文已述，在具体的声韵配合中存在几个特殊音节应注意。zhei 为"这"的口语读音，shei 为"谁"的口语读音；ei[ei] 不能自成音节，零声母音节 ê[ɛ] 实际读音与之相近，在输入法中以 ei 拼写。

表5 普通话声韵配合关系表

声母	韵母			
	开口呼	齐齿呼	合口呼	撮口呼
b[p]、p[pʻ]、m[m]	+	+	u[u]	
f[f]	+		u[u]	
d[t]、t[tʻ]	+	+	+	
n[n]、l[l]	+	+	+	+
z[ts]、c[tsʻ]、s[s]	+		+	
zh[tʂ]、ch[tʂʻ]、sh[ʂ]、r[ʐ]	+		+	
j[tɕ]、q[tɕʻ]、x[ɕ]		+		+
g[k]、k[kʻ]、h[x]	+		+	
零声母	+	+	+	+

注：+表示可以相拼

第四章　声调

第一节　声调

一、声调的定义和性质

前文已述，普通话一个音节可以划分为声母、韵头、韵腹、韵尾，但除辅音、元音这些音质要素，还必然包括音高、音强、音长等非音质要素，因其在普通话中具有区别意义的作用。具有区别音节意义的音高便是声调，音强和音长亦是配合音高形成声调的重要部分。由此，一个普通话音节不仅具备了"头"（声母）、"颈"（韵头）、"腹"（韵腹）、"尾"（韵尾），还具有了"神"（声调），成为一个有机整体。普通话除了儿化音这种特殊情况，一个汉字字音就是一个音节，因此声调也称字调。

声母、韵母、声调简称声韵调，是构成普通话音节的三要素。虽然声调符号标在主要元音上，但是高低升降贯穿整个音节，声调与音节的发音是共时的过程。普通话音节不能没有声调。

二、声调的特点和作用

根据声调的有无可以将世界上的语言分为声调语言和非声调语言，汉藏语系的语言基本都是典型的声调语言。声调语言又可进一步划分为高低型和旋律型两种类型，前者仅将音分为高低几级以区分声调，如美洲、非洲的一些声调语言；后者则以音的高低升降区分声调，汉藏语系的声调语言都是旋律型，听起来具有较强的音乐性。

声调除了具有区别音节意义的作用，还具有语法作用。如"衣"读阴平为名词，在古代汉语中若读作去声便成为动词，同类型的还有"王""雨"等字，古代汉语中以声调区别词类的现象十分普遍。现代汉语普通话中一些多音字现象便和声调的语法作用有关，如"背""钉""钻"等字声调不同则词性不同，不过这种现象不是系统性的，词性的不同从某种角度而言亦是词义的不同，声调在现代汉语普通话中的作用就是区别音节意义。

三、声调的调值和调类

调值，又称调形，是声调高低升降的变化形式。汉语方言的调值一般有平调、升调、降调、曲折调等。

将一种语言/方言中出现的调值加以归类所形成的不同类别就是调类，又称音高模式。一般将调值相同的声调归入一类，有几种调值便有几种调类。但是在音节和音节组合成词时，有些音节的声调会随语流发生改变，需要全面考量声调出现的情况再进行调类的归并，如汉语普通话的上声变调，便选择用上声/214/作为调位，纳入［214］、［21］、［35］三个调值，具体后文会涉及。

汉藏语系的声调语言一般有四至八个声调，最少两个，最多十五个，整体而言声调丰富。就汉语方言而言，北方方言整体调类相对少，以四个调类为主；南方方言整体调类相对多，最多可以达到十个调类。

第二节 入声

一、平上去入和阴阳

南北朝时期的沈约提出了"四声八病"说，是目前可见最早的系统声律论，其将汉语分为平、上、去、入四个调类，在诗歌创作中以平为平声，以上、去、入为仄声，将二者交错使用，发现并突出了汉语作为声调语言其高低抑扬之美。由此，奠定了汉语调类的基础，并一直沿用至今。

传统音韵学又将声母分为四类，不送气清声母为全清，送气清声母为次清，浊塞音、浊擦音、浊塞擦音为全浊，鼻音、边音等为次浊。清声母所在的调类为阴调，浊声母所在的调类为阳调，声母的清浊会影响调值，因此将二者组合，平、上、去、入四个调类根据声母的阴阳便进一步分为八个调类，即阴平、阳平、阴上、阳上、阴去、阳去、阴入、阳入。现代汉语方言的调类均由这八个调类发展演变而来。

古代汉语中的全浊声母在现代汉语中已不多见，仅有吴方言和湘方言尚存全浊声母，在大部分方言中均已成为全清或次清声母，清化后的分合情况亦复杂不一。

二、入声

除北方方言区，汉语大部分方言区均有入声调类，有没有入声是北方方言和其他方言最显著的区别之一，也是考量一种方言是否独立成为方言区的重要标志。如曾经被划归北方方言区的江淮官话和晋语，由于均有入声调类，现在一般将其独立为江淮方言和晋方言，成为两个独立的方言区。

有入声调类的方言大致可以分为两类。一类音节为塞音韵尾［-p］、［-t］、［-k］、［-ʔ］等，发音短促，又称促声调，其他调类则称为舒声调。入声调类和其他调类的主要区别就在于塞音韵尾的有无和调值的长短。另一类入声音节没有塞音韵尾，发音也不短促，只是无法归入其他调类，因此自成一类，仅是调值不同的区别，音节结构和音长均无特殊之处，相对比较少见。

现代汉语普通话中浊音声母少、无入声，对于学习普通话而言，应谨防方言的影响，保证发音的清晰、到位、干净、饱满。

第三节　普通话的声调

一、五度标记法

《汉语拼音方案》将普通话的声调定为阴平（ˉ）、阳平（ˊ）、上声（ˇ）、去声（ˋ）四类，名称来源于平、上、去、入四声，调号来源于五度标记法。

　　五度标记法由赵元任创制，用以描写声调的调值。一种语言/方言声调的最低音到最高音是声调的调域，将调域以一条竖线表示，自下而上分为低、半低、中、半高、高五度音高，用数字1、2、3、4、5表示。在调域竖线的左边将声调的音高变化标记出来，再以数字表示出来，便是声调的调值。在目前已知的声调语言里，平调的高低不超过五种，因此将调值分为五度是符合客观实际的。普通话四个调类的调值分别为55、35、51、214。

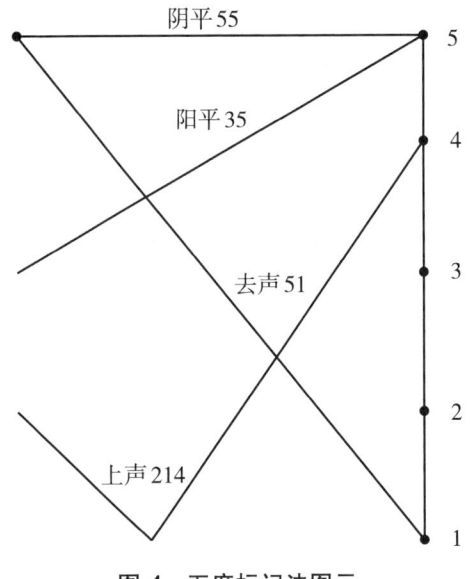

图 4　五度标记法图示

　　值得注意的是，声调的调域是相对的，五度也是相对的，每一个调类的调值都不代表固定的音高，而是相对的音高。女性、儿童的声带相对短、薄、窄，音调会高亮些，而男性、老人的声带相对长、厚、宽，音调会低沉些，同一人的不同状态、情绪等也会影响声音的高低，这些属于绝对音高。与声调的高低升降没有关系，区别音节意义的声调属于相对音高。无论声带如何、状态如何，在同一个调域内声音的高低升降形成声调，便可以表情达意。

二、普通话的声调

实训中的例词覆盖了所有声母和韵母，便于学习、记忆、练习。

1.阴平（ˉ）

阴平又称高平调/一声，调值55。

【发音指要】

声音高起平走并保持，由5度至5度。声带振动快，且始终没有明显变化。

【例词实训】

资 之 趴 播 歌 诶 呆 非 猫 偷 因 恩 康 扔 松 机
掐 歇 腰 溜 烟 因 央 英 拥 屋 刷 戳 歪 灰 弯 村
汪 翁 迁 约 渊 晕

2.阳平（ˊ）

阳平又称中升调/二声，调值35。

【发音指要】

声音中起升高，由3度至5度。声带振动由适中变快。就持续时长而言，阳平比上声短，比阴平、去声长。

【例词实训】

词 持 闸 佛 则 诶 儿 白 没 熬 楼 完 神 昂 仍 农
宜 牙 碟 姚 油 言 贫 杨 迎 颥 俗 挖 国 怀 奎 完
屯 王 鱼 觉 全 寻

3.上声（ˇ）

上声又称降升调/三声，调值214。

【发音指要】

声音半低起先慢慢降低再快升半高，由2度慢至1度再快至4度。声带振动由较慢变慢再变快。

注意①：上声的曲折变化是两边高中间低，而不是两边低中间高。

注意②：上声在语流中变化较多，应把握好基本调形为语流音变打下基础。

【例词实训】

死 使 马 叵 葛 诶 耳 百 斐 导 藕 坦 肯 朗 整 总
以 雅 也 臽 有 演 引 养 请 涌 楚 瓦 我 崴 璀 软
吻 恍 潩 女 雪 卷 允

4.去声（`）

去声又称高降调/四声，调值51。

【发音指要】

声音高起速降，由5度速至1度。声带振动由快迅速变慢。就持续时长而言，去声最短。

【例词实训】

字 日 萨 墨 特 诶 二 爱 内 奥 豆 暗 份 盎 蹦 共
亦 嫁 叶 俏 秀 片 峇 样 硬 用 互 跨 错 拽 睡 串
问 望 瓮 玉 月 院 运

三、声调的特点

1.普通话平声分为阴平和阳平

阴平主要由古代清声母平声演变而来；阳平主要由古代次浊声母和全浊声母演变而来，次浊声母今仍读浊音，全浊声母基本清化。

2.全浊上声并入普通话去声

古代清声母上声和次浊声母上声今仍读上声，而全浊声母上声并入去声。普通话去声已包括阴去声和阳去声，加上全浊上声，成为四声中字数最多的声调，而普通话上声也因此成为字数最少的声调。

3.入声并入普通话阴平、阳平、上声、去声

普通话没有入声，古代入声并入普通话四声没有系统规律可循，但并入去声的最多，并入上声的最少。

第五章 吐字归音

第一节 吐字归音的特点

一、吐字归音与汉语特点

（一）吐字归音

吐字归音主要来源于中国传统戏曲/曲艺等说唱艺术对发音吐字经过长期实践、发展、总结后形成的经验集成，其对于提高有声语言的规范性、艺术性具有重要的标准化、审美化指导意义。

吐字归音建立于汉语音节结构特点基础之上，对于有声语言艺术活动均具有普适性的参考价值，其不仅适用于戏曲、曲艺，对播音主持有声语言表达、话剧/影视剧台词、朗诵、配音等相关艺术活动亦具有重要的借鉴意义。

（二）播音主持吐字归音与普通话特点

普通话是播音员主持人进行有声语言创作的主要载体，相较于生活语言，更具规范性和美感的字正腔圆是基本要求。要实现这样的效果，应当了解普通话与吐字归音相关的一些特点。

普通话一字一音节，音节结构比较简单，由声母、韵母、声调构成。应注意开头辅音声母的清晰、韵母四呼的唇形、声调的高低抑扬之音乐美。

词由音节构成，是能自由运用的最小的有意义的造句单位，双音节词在汉语普通话中占优势，单音节词也占有较大比例，因此每个音节负载的信息量要大于很多语言，更应要求发音吐字的清晰。

普通话存在轻声、儿化、上声变调等语流音变现象，应注意变化的准确，不能见字出声。

二、吐字归音的应用特点

前文已述，语音四要素包括音高、音强、音质、音长，在播音主持有声语言的具体应用中有着各自的特点。和戏曲、声乐等艺术形式的语音发声相比，播音主持语音发声是真实自然的，但"自然"不是"大自然"，理应是经过科学训练的发声自然，是准与美基础上的语音自然。

（一）音高

播音主持有声语言的音高应在一个半八度以上为佳，比日常说话高一些，换个角度而言即状态更积极一些。应注意处理好字调/声调与语调的关系。

（二）音强

播音主持有声语言强度不高、幅度不大，整体平稳，但应层次丰富。

（三）音质

播音主持有声语言应力求在每一个音位区域内让发音尽量准确清晰、优美动听，并根据具体需要进行细节的变化处理。应注意杜绝高亮的金属声和松散的气声。

（四）音长

播音主持有声语言的音长比日常说话略长一些，但应根据表情达意的具体需要来灵活处理音节长短/疏密的变化。

第二节　吐字归音的要求

吐字归音是播音员主持人的一项基本功，字正腔圆是基本要求。字正即准确规范、清晰流畅，腔圆即如珠如串、轻弹轻流，整体应当集中有力、变化自如。

一、准确规范、清晰流畅

准确是艺术语言工作者最基本的要求。播音员主持人是标准普通话的示范者与引领者,更应按照普通话的规范标准进行发音吐字。对于播音员主持人而言,吐字归音应当准确,更应精确,精确到每一个音位以及语流中必需的每一个细微变化。

开创昆曲艺术的魏良辅在《曲律》中提出:"曲有三绝,字清为一绝,腔纯为二绝,板正为三绝。"将吐字清晰放在第一位,足见其重要地位。曲中"字清"主要就声调准确而言,对于播音员主持人来说则声韵调均需清晰。清晰是建立在准确的基础之上的,即"字准"基础上的"字真"。准确不等同于清晰,准确亦不能代替清晰,应当避免因发音部位摩擦过度、发声方法不够科学等所产生的影响清晰度的异质杂音。同时,应当注意每一个字都是顺畅发出、不涩不蹦。

二、如珠如串、轻弹轻流

在准确清晰的基础上,每一个字都应发得珠圆玉润,做到饱满有质感、悦耳有美感。普通话一字一音节,一个音节便如同一颗珍珠,需要以一系列语音发声的技巧将其打磨圆润。值得注意的是,吐字如珠并非"断线之珠"似的一个个字断裂蹦出,而是将美如珠玉的字一个个串联起来形成仿佛精美珠串的整体。

发音时应轻捷灵巧,字音轻弹而出,不笨拙、不拖沓。同时,如同珠串的语流轻巧向前推出滑动,形成字音立体全向与语流纵向结合的有机整体。

三、集中有力、变化自如

吐字归音的集中有力,一方面是指语音发声技巧结合口腔控制力量的集中,即发音时声音沿着软腭、硬腭的中纵线送出口腔,字音着力位置在硬腭前部,同时唇舌力量需集中;另一方面是指发音时应有明确的对象感,使声音能够向着一定的目标集中进发。

同时，吐字归音应错落有致、强弱分明、刚柔并济、虚实结合，以富于变化的形式表达出丰富多样的思想感情，避免"字化"现象。

第三节　吐字归音的方法

一、字头、字腹、字尾

前文已述，从音节结构的角度出发，普通话一个音节可以划分为声母、韵头、韵腹、韵尾。若从吐字归音的角度出发，普通话一个音节可以划分为字头、字腹、字尾，字头由声母和韵头构成，字腹为韵腹，字尾为韵尾。

值得注意的是，无论一个音节有无字头或字尾，均有吐字归音的完整动程，在发音时应做到头、腹、尾俱全。

二、出字、立字、收字

在吐字归音的过程中，对字头、字腹、字尾的处理分别被称为出字、立字、收字/归音。

（一）出字

字头是一字之始，其发音优劣直接影响整个字的发音质量。曲艺中的"喷口"功夫便是强调出字的重要性。但也要注意，戏曲中有时为行腔需要而将字头拉长，这在播音主持有声语言中不可取，字头还应短促、敏捷为好。

1. 部位准确、唇形到位

应当注意声母的发音部位和发音方法要准确，同时应注意在实际发音中，声母和韵头结合得更为紧密，那么韵母四呼的唇形在声母尚未发音之前便做好到位准备，使发音从字头阶段快速协调地进入字腹阶段。

2. 气息饱满、弹发有力

字头在发音之前有蓄气之用，字头阻气有力，气息便能在成阻后形成一定的口腔压力，为弹发积蓄力量。在发音时应当轻捷灵巧，这个力度应是有控制的、适中的巧劲，既不能咬得太紧而导致笨拙拖沓，也不能咬得太松而导致含混不清，还要注意适当"收"力而避免气流"喷"出。

（二）立字

字腹是韵腹，也是主要元音，是一个音节中最响亮、最富色彩的部分，立字时应展现并强化这一特征。应当注意，iu（iou）、ui（uei）、un（uen）等韵母为缩写，发音时不能忽略或省略主要元音。

1.气息均匀、拉开立住

字音随着字腹的拉开在口腔中立住，拉开的幅度要大于日常说话，因而有着更为丰富的共鸣。同时，均匀的气息托着字腹，长度与响度亦大于日常说话，听感更为清晰、悦耳。

2.圆润饱满、过渡流畅

立字时口腔开度更大、共鸣更好，字腹发音更长、更响，因此字腹音程完整、圆润饱满。同时，字腹也是字头和字尾的中间过渡，其在立字过程中并不是固定僵硬状态，而是与前后均有滑动过渡的特征，因此，应注意字头、字腹、字尾的自然流畅过渡。

（三）收字

收字也称归音，是吐字归音过程中对字尾的处理。应当注意的是，日常说话尾音常缺，只要有趋势、能理解，半截音常见，但播音主持有声语言应避免归音不到位的现象，积极发音。

1.尾音轻短、完整弱收

字尾发音应轻一些、短一些，在收音的时候避免生硬暂停或拖泥带水，而应在归音到位的基础上自然地收住，最终形成完整的音节。

2.趋向明确、铺垫勾连

在收字阶段舌位动程应有明确的趋向，力量趋小、肌肉趋松、气流趋弱、口腔趋闭、声音趋止。渐弱收音一方面是出于发音生理规律及听感的需要，另一方面则是为了与后面音节顺利勾连，不影响语言表达。

三、枣核形

"枣核形"来自曲艺等说唱艺术中对吐字归音的形象化描述。若将一个音节看成一个两头小、中间大的枣核,字头和字尾在两头,中间最饱满的是字腹,同时是口腔开合度及发音时长的粗略直观体现。

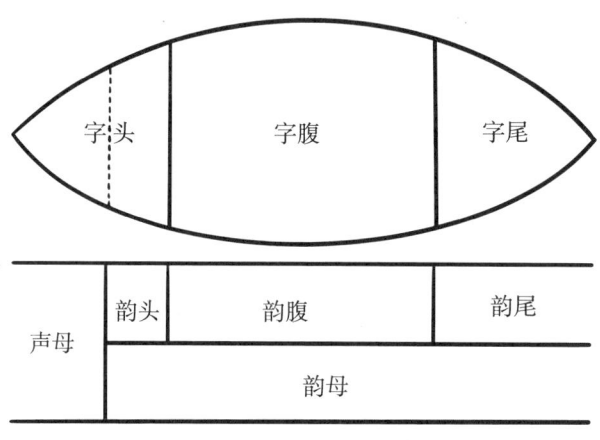

图 5 "枣核形"图示

吐字归音的"枣核形"是一个整体,字头、字腹、字尾之间没有明确的界限,发音过程具有流动性、整体性,强调"枣核形"是为了依据音节结构特点使得发音更加准确、清晰、圆润、优美,但不能为了追求每一个音节"枣核形"的完整而破坏语流和表情达意,而应根据需要恰切地运用"枣核形"等表达技巧灵活处理播音主持有声语言中字与字之间的具体关系。对于每一个音节"枣核形"吐字归音的精准把握,是进入有声语言表达的一个重要前提与必备基本功。

第六章 口腔控制

第一节 咬字与咬字器官

一、咬字

肺部呼出的气流冲击声带使之振动发出喉原音，喉原音经过咽腔到达口腔，受到唇、舌、齿、腭等部位的节制从而形成不同的字音。这种节制的过程就是咬字的过程，而对声音起节制作用的部位就是咬字器官。

从语音发声的角度来看，口腔主要有两大作用：一是作为主要共鸣器官，扩大和美化声音；二是作为咬字器官的存在场域，科学调配形成字音。口腔的运作配合在形成字音的过程中起着无可替代的重要作用，强化口腔机能是准确、清晰咬字的必要路径。

二、咬字器官

具体来说，咬字器官主要包括上下唇、上下齿、上下齿龈、舌头（舌尖、舌叶、舌面、舌根）、硬腭、软腭等部位，其中唇和舌在形成字音的过程中起着更为积极的作用。咬字器官各个部位协调合作，腔体变形成元音，组合设阻成辅音，有机叠加成音节。

（一）口腔上部——硬腭、软腭

硬腭又称前腭，约占腭部的2/3，呈穹隆状，中部有中纵线凸起。软腭又称后腭，约占腭部的1/3，能升能降，决定着口音和鼻音。

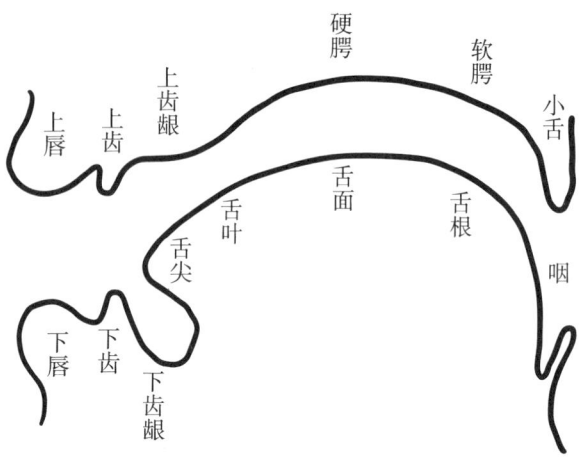

图 6　咬字器官图示

软腭抬升越积极，咽腔进入口腔的通道越宽大，声音通过越顺畅；口腔后部空间越大，共鸣也就越好。

【感受指要】

以打哈欠的方式找到软腭抬升的感觉，使发音时口腔后部始终有较大的共鸣空间。

（二）口腔下部——牙关、舌头

上牙关连接于头骨不能活动，下牙关由下颌关节带动下巴可以活动，决定着口腔开度。舌头是口腔中最为积极灵活的咬字器官，可以与其他器官组合形成阻碍、分隔腔体。

口腔开合度越大，口腔空间越大，共鸣越好；声音由口腔后部进入前部也越顺畅，不至闷于口腔后部或挤入鼻腔而带有鼻音色彩；同时，使得唇、舌等器官拥有更自由、更宽大的灵活运动空间，产生更圆润优美的字音。舌头力度越大，运动越灵活，辅音声母弹发越有力，元音舌位越清晰；舌位动程越自然流畅，字音越圆润饱满。

【感受指要】

以咬苹果的方式找到牙关打开的感觉，使发音时口腔前部始终有较大的共鸣空间。

（三）口腔前部——上下唇

双唇位于口腔最前部，是字音的出口，双唇的开合、圆展是形成不同字音的重要条件。

双唇力度越大，运动越灵活，发音越准确、清晰；控制唇依齿发音不易产生唇腔湍流、"音包字"等现象，控制唇中部发力有助于字音集中、圆润。

第二节　口腔控制的要领

正确优美的吐字归音需要灵活自如的口腔控制，需要掌握咬字器官的协调配合要领。口腔控制主要包括打开口腔、集中力量、明确走向等要领。

一、打开口腔

播音主持有声语言比日常说话的口腔开度更大，主要目的是实现更准的字音、更好的共鸣、更美的表达。打开口腔主要通过提起颧肌、挺起软腭、打开牙关、放松下巴等方式共同实现，实际发音时应同时进行、一步到位。

（一）提起颧肌

唇部上方有笑肌和颧肌，笑肌牵引口角外展，颧肌牵引口角向外上方运动。提起颧肌不是生硬做微笑状，而是以笑肌和颧肌牵引上唇延展后紧贴上齿，使得上唇活动有依托、更易发挥力量；同时避免在唇齿之间留有空间产生唇腔湍流，影响字音清晰度。另外，唇部若不依齿发音而过分外噘，会影响整个共鸣腔的形状，使得发音喑哑沉闷而包在口中，形成"音包字"的现象。

【感受指要】

以微笑的方式找到提起颧肌的感觉，注意自然咬字动作与真正微笑的区别。

（二）挺起软腭

软腭挺起可以拉升口腔后部空间，使声音由咽腔进入口腔时顺畅，不至于因空间狭小使声音挤入鼻腔带有鼻音色彩而显得含混不清；同时增大共鸣空间，使声音更加圆润优美。

（三）打开牙关

打开牙关是增大口腔前部共鸣空间的重要方式，上牙关保持向后上部提起的感觉，下牙关保持向后下部拉开的态势，上下牙关之间始终保持一定距离的有机平衡，为"立字"提供足够的空间。

（四）放松下巴

放松下巴和打开下牙关是协同运动，下巴松弛，下牙关亦松弛，口腔自然打开，同时能够感受到咬字力量主要集中于舌部以上，下巴和下牙关处于"从动"状态。发音时下巴自然放松即可，无须主动发力运动，下巴/下颚紧张会牵动喉头上提，造成喉部肌肉紧张，使得发音吃力且易疲劳。

二、集中力量

声音的集中首先来自咬字器官力量的集中，主要指唇、舌力量的集中。

（一）唇

若将唇部横向划分为三段，唇部力量则主要集中于上唇内缘中段三分之一处，由此可使字音聚拢、弹发有力。

【感受指要】

以撮口呼的发音唇形找到唇部力量集中的感觉，注意非撮口呼字不能撮唇，而应体会唇中部集中力量的感觉。

（二）舌

舌部力量集中于舌体前后中纵线上，发音时舌体呈收势、前后用力，而不应"平摊"于口腔中发散用力。同时，应注意发音时与舌相关部分成阻时均为点状接触而非片状接触，力量集中、点到即止，才能使发音轻巧、清晰、集中、有力。

三、明确走向

声音发出的路径是有明确走向的，即沿着软腭、硬腭中纵线推向硬腭前部。在此过程中，声音最终冲击硬腭前部并由此送出口腔，硬腭前部即为字音着力位置。"声挂前腭"可使声音有力有依托、不黏不分散，从口腔上部"弹"出，而非从口腔下部"漏"出或满口"散"出。

第三节 口腔控制的训练

一、唇部练习

【训练路径】

阶段一：口部操

口部操是口腔控制训练的准备活动，通过练习可以放松唇舌，并增强唇舌的力度与灵活度。

弹唇：双唇紧闭，力量集中于唇中段三分之一处，连续喷气弹颤双唇。一次性弹唇数量的多少与气息的均匀及双唇的力度控制密切相关。弹唇既可放松唇部，亦可训练唇中部发力控制。

撮唇：双唇自然松开，慢慢向撮口呼唇形发展，尽量形成紧圆后慢慢放松。反复数组。

咧唇：双唇紧闭前噘，尽量向左、向右够。反复数组。

绕唇：双唇紧闭前噘，向左三百六十度绕转，向右三百六十度绕转。反复数组。

阶段二：绕口令

八百标兵奔北坡，
炮兵并排北边跑，
炮兵怕把标兵碰，
标兵怕碰炮兵炮。

练习时应由慢到快、循序渐进。第一天应是最慢,将每一个字的声韵调都发完整、准确,重点体会双唇用力的感觉。以后每天加快一点,但之前慢速的依然要练习几遍,不可直接加快。直至绕口令说得准确、清晰、快速但依然有完整的声韵调,快不是最重要的标准与最终目的,又好又快才是标准,增强唇部力度才是目标。

阶段三:复合绕口令

八了百了标了兵了奔了北了坡,
炮了兵了并了排了北了边了跑,
炮了兵了怕了把了标了兵了碰,
标了兵了怕了碰了炮了兵了炮。

在唇部练习与舌部练习均达到理想的效果之后,可以增加简单的唇舌综合练习。练习时同样应由慢到快、循序渐进,以又好又快为标准,以增强唇舌力度为目标。

二、舌部练习

【训练路径】

阶段一:口部操

口部操是口腔控制训练的准备活动,通过练习可以放松唇舌,并增强唇舌的力度与灵活度。

弹舌:双唇自然松开,舌尖用力抵触硬腭,蓄力后突然向后弹开,尽量发出响亮的"哒"音。弹舌既可放松舌部,亦可训练舌部的力度及灵活度。

顶舌:双唇自然闭合,舌尖尽量用力向左、向右顶内颊。反复数组。

绕舌:双唇自然闭合,舌尖于唇齿间向左三百六十度绕转,向右三百六十度绕转。反复数组。

立舌：双唇自然松开，舌体在口腔中向左、向右翻转。若有困难，可对着镜子以舌尖抵触两侧下臼齿齿背，找到舌体用力的感觉。

阶段二：绕口令

调到敌岛打特盗，

特盗太刁投短刀，

挡推顶打短刀掉，

踏盗得刀盗打倒。

练习时应由慢到快、循序渐进。第一天应是最慢，将每一个字的声韵调都发完整、准确，重点体会舌尖用力的感觉。以后每天加快一点，但之前慢速的依然要练习几遍，不可直接加快。直至绕口令说得准确、清晰、快速但依然有完整的声韵调，快不是最重要的标准与最终目的，又好又快才是标准，增强舌部力度才是目标。

阶段三：复合绕口令

八的百的标的兵的奔的北的坡，

炮的兵的并的排的北的边的跑，

炮的兵的怕的把的标的兵的碰，

标的兵的怕的碰的炮的兵的炮。

在唇部练习与舌部练习均达到理想的效果之后，可以增加简单的唇舌综合练习。练习时同样应由慢到快、循序渐进，以又好又快为标准，以增强唇舌力度为目标。

第七章 共鸣控制

第一节 共鸣与共鸣器官

一、共鸣

发音体在外力作用下产生振动,而外力频率与发音体固有振动频率相同或相近时,振幅会变大,声音亦随之变大,且共振频率在人耳可听范围内(20Hz~20000Hz),这样的现象即共鸣。

在语音发声中,共鸣具有两方面的重要作用。一是成音,即共鸣腔体直接参与不同语音的形成继而构成不同的语言。二是扩大与美化,肺部呼出的气流冲击声带使之振动发出喉原音,喉原音音量极小,在经过一系列共鸣器官的共鸣作用之后实现了扩大,具备了打响传远、人际交流的实际效用。同时,人的发音器官是天生的,嗓音音色无法改变,但是调节改善共鸣可以使其成为美化后的语音音色。

二、共鸣器官

具体来说,共鸣器官主要包括胸腔、喉腔、咽腔、口腔、唇腔、鼻腔、头腔等腔体。人的声音大致可分为高、中、低三个声区,不同声区所使用的主要共鸣腔体不同,但是都需要多个共鸣腔体的共同协作才能完成声音的塑造,达到圆润、饱满、优美、贯通的效果,这也是"腔圆"除口腔控制之外一个重要的基础。

（一）胸腔

胸腔共鸣器官由气管、支气管、胸腔构成。胸腔不参加语音的制造，但能增大音量，对低频声波共鸣作用明显，使声音听起来洪亮、浑厚、坚实、有力。

胸腔共鸣又称低音共鸣或下部共鸣。

（二）喉腔

喉腔共鸣器官由位于声带和假声带之间的喉室以及位于假声带之上的喉前庭构成。声带振动产生的声门波首先经过喉腔得到最初的共鸣，虽然共鸣腔体小却直接影响声音的质量。喉头升高，声道缩短，有利于高频声波共鸣；喉头降低，声道拉长，有利于低频声波共鸣。喉头频繁上升下降易使喉部肌肉紧张而影响发声状态，因此喉头应相对稳定并放松。

（三）咽腔

咽腔共鸣器官由喉咽、口咽、鼻咽构成。咽腔处于声道由垂直向水平转变的关键部位，容积较大，变化幅度亦大，通过肌肉的松紧控制，可以改变咽管的粗细和咽壁的坚韧度。保证咽腔的畅通并保持咽壁一定的坚韧度，有利于声波通过并实现有效共鸣。

除鼻音外的口音均经由口咽进入口腔，咽腔是口腔共鸣前的重要场域，为了保持咽腔的畅通，首先必须适当挺起软腭，但应注意，提得过高会使声音阻塞于口腔后部而难以准确成音，提得不够易使声音由鼻咽进入鼻腔而带上鼻音色彩，应让软腭上后部与口咽拐弯处成为声波进入"直道"的坚韧依托；其次，舌根不能主动后缩，下巴亦不能紧张而带动舌根后缩，否则会阻塞口咽垂直腔体。

（四）口腔

吐字归音及口腔控制前文已述，而口腔共鸣亦是播音主持语音发声中最重要的共鸣方式，口腔是最重要、最灵活的腔体，没有口腔的运动就没有字音的产生，其他共鸣腔也就无从发挥作用。播音主持语音发声以口腔共鸣为主。

口腔共鸣又称中音共鸣或中部共鸣。

（五）唇腔

唇腔为唇齿之间的空间，因其空间狭小且变化不规则，很难产生和谐的共鸣，反而容易导致唇齿间产生湍流而影响字音的清晰度，因此在共鸣控制中要避免唇腔共鸣/唇腔湍流。口腔控制中提颧肌使得唇依齿发音的目的便是封堵唇齿间的空间，防止产生唇齿间湍流。

（六）鼻腔

鼻腔包括外部鼻甲、下部硬腭、中部鼻中隔对称分隔构成的前部鼻孔通气、后部连通鼻咽的固定不可变腔体。鼻辅音与鼻化元音是鼻腔产生共鸣的两种主要方式。发口音时软腭略下垂，让部分气流由鼻腔流出，可使声音略带鼻腔共鸣，使用得当能够增强声音的柔和度与光泽度，但鼻腔共鸣过多会导致发音不准确甚至形成囔鼻音。配音等语言艺术中常以增强鼻腔共鸣来展现华丽感，播音主持语音发声强调鼻音与口音的标准，不提倡追求鼻腔共鸣。

鼻腔共鸣又称高音共鸣或上部共鸣。

（七）头腔

头腔主要包括蝶窦、额窦等小的骨质腔体，有小孔与鼻腔相连，统称为鼻窦，也有的将其归入鼻腔共鸣之中。由于腔体很小，其对高频声波振动的共鸣作用明显，高密度、高压力的声束经过骨传导实现头腔共鸣之后会形成高亮的金属声，在京剧等戏曲以及美声、民族等唱法中均有头腔共鸣的艺术特色，播音主持语音发声不涉及头腔共鸣。

第二节 共鸣控制的特点

一、共鸣控制的要领

（一）找到胸部支点

胸部支点即胸腔共鸣的主要位置。发音时胸腔共鸣会使胸部有振感，以手轻按胸骨中部，发"啊"音，高低虚实多重尝试，哪一块区域胸腔振动最强烈基本上即为胸部支点，且声音越低沉振感越明显。多数人日常说话不太感受得到胸腔共鸣，不是没有而是较弱且并未有意识地使用，找到胸部支点后可尝试寻找胸腔共鸣最明显的发音区域，使声音更加洪亮、浑厚、坚实、有力。

（二）把握整体感觉

气息下沉，两肋打开，脊背舒展，胸部、颈部、喉部放松，气息托着声音沿着胸部支点顺畅上行，沿着软腭、硬腭中纵线着力于硬腭前部后弹出口腔。注意避免探颈或坐颈而影响咽腔通畅，避免含胸或挺胸而造成胸廓僵硬，避免因各种原因导致口腔开度不够而影响口腔共鸣。

二、播音主持的共鸣特点

播音主持语音发声是以口腔共鸣为主、胸腔共鸣为基础、混合共鸣为后备的声道共鸣。这是由播音主持有声语言的要求和特点所决定的。

（一）字音清晰、表意准确

播音主持有声语言是大众传播中一种重要的公务语言，字音清晰、表意准确是第一要务，不能为了实现某种强烈共鸣而不顾基本的传播要求与表达规律。

（二）字正腔圆、优美动听

播音员主持人应在保证字音清晰、表意准确的基础上实现语音发声的美化，规范性与审美性是播音主持有声语言的基本特性。以口腔共鸣为主，可以保证字正腔圆；以胸腔共鸣为基础、混合共鸣为后备，可以使共鸣适量，保证泛音丰富、语音美化。

（三）发声自然、语音朴实

播音主持语音发声不同于声乐、戏曲等艺术形式，虽然有不同类型、不同内容、不同对象的节目，但总体而言是播音员主持人自然发出的真声而非假音，语音追求朴实大方而非华丽夸张。口腔控制、共鸣控制等技巧使得播音主持有声语言相较于日常说话，方法更科学、表达更规范、更贴传播、更具美感。

第三节　共鸣控制的训练

一、口腔共鸣

要有好的口腔共鸣首先应当注重口腔空间的扩大，除前文已述吐字归音的方法与口腔控制的要领之外，打开口腔的练习必不可少。整体而言，字音的着力位置在硬腭前部，但不同的字音共鸣点会有不同，应当在练习时找到每个音最为恰当的共鸣点。

【训练路径】

阶段一：绕口令

哥挎瓜筐过宽沟，
过沟筐漏瓜滚沟，
隔沟挎筐瓜筐扣，
瓜滚筐空哥怪沟。

练习时应由慢到快、循序渐进。第一天应是最慢，将每一个字的声韵调都发完整、准确，重点体会口腔中始终有一个"空气团"的感觉。以后每天加快一点，但之前慢速的依然要练习几遍，不可直接加快。直至绕口令说得准确、清晰、快速但依然有完整的声韵调。快不是最重要的标准与最终目的，又好又快才是标准，增强口腔开度才是目标。

阶段二：读诗文

飒飒西风满院栽，
蕊寒香冷蝶难来。
他年我若为青帝，

报与桃花一处开。

（唐·黄巢《题菊花》）

此诗的韵辙为怀来辙，音位/a/所覆盖的［a］、［A］、［α］、［ε］在诗中均有出现，在练习时应有意识寻找四者的不同共鸣点。同时，可以此练习来纠正整体发音偏前或偏后的问题。

二、胸腔共鸣

胸腔共鸣主要对低频声波共鸣作用明显，对于男性而言可以适当增强声音的浑厚度与坚实度，对于女性而言可以适当改善声音的尖细色彩。但要注意不可过度追求胸腔共鸣，避免过分下压导致声音浑浊、憋闷甚至声带病变的不良后果。

【训练路径】

阶段一：读词句

丈量　讲堂　康庄　光芒　相框　汪洋

这组双音节词语韵母为ang、iang、uang，开口度大，发音靠后，易于产生胸腔共鸣，可反复朗读找到胸腔共鸣的感觉。

阶段二：读诗文

早是他乡值早秋，
江亭明月带江流。
已觉逝川伤别念，
复看津树隐离舟。

（唐·王勃《秋江送别二首·其一》）

此诗的韵辙为油求辙，后鼻音韵母及中响三合复元音韵母iou舌位动程的由前至后均有助于体会胸腔共鸣。同时，可在朗读时以适当降低音高并加大音量的方式加强胸腔共鸣，以表现诗中离别伤怀之情。

第三部分

变化与表达

这一部分主要包括音变、语调等实际发音中的变化现象，以及由语音发声向语言表达过渡的声音弹性、情声气结合等内容。

第一章　音变

第一节　语流音变

一、语流音变的定义

在语流中，音位和音位相组合的时候，或由于受相邻音位的影响，或由于说话时高低、快慢、强弱的不同，可能使发音产生不同的变化，这种变化被称为音变现象，一般称语流音变，也称联合音变。

无论是日常说话还是播音主持有声语言，都不以一个音位、一个音节为表达单位，而是以句子为表达单位。句子是语流中能够表达相对完整意思并具有特定语调的交际单位，一个句子由数量不等的词（音节）连续构成，语音连续时可能由于各种原因会产生变化，而一些变化固定下来成为约定俗成的"标准"。因此，仅仅掌握音位、音节的标准发音是不够的，还应将其放在语流中综合考察实际发音。

二、语流音变的类型

普通话中常见的语流音变类型有同化、异化、弱化、脱落、换位、增音等。具体而言，普通话中的轻声、儿化、轻重格式等是在历时的维度长期发展固定下来的音变形式，"啊"的音变是在共时的维度受前一音节影响而形成的，这两者主要涉及音位变化；上声、"一"、"不"等的变调则主要涉及调位变化。

相较于普通的声韵调齐全的标准音节，轻声和儿化显得分布广而散、规律难以精细把握，具有一定的掌握难度。也正因此，轻声和儿化是衡量一个人普通话是否标准的重要指标，也是普通话水平测试的必考内容，尤其是在播音主持有声语言表达中，哪些音节是应轻声的，哪些音节是不应儿化的，应当引起重视、精确表达。

（一）同化

相邻的两个不同音位，其中一个受另一个影响变成与之相同或具有相同发音特征的音位，即为同化。如"去（qù）"字，声母 q 发音时双唇放松，单元音韵母 ü 发音时则需圆唇，受到韵母圆唇影响，声母发音时亦直接圆唇。

（二）异化

相邻的两个不同音位，其中一个由于某种原因变得与本来不同，即为异化。如普通话中的变调便是典型的异化现象。

（三）弱化

有些音位在语流中发音变弱，变得不那么清晰，即为弱化。如普通话中的轻声便是典型的弱化现象。

（四）脱落

脱落是弱化的进一步发展，在语流中丢失或省略某些音位，即为脱落。如"豆腐"[tou^{51}fu] 为轻声，但在实际发音中发为 [tou^{51}f]，后音韵母脱落了。

（五）换位

相邻的两个音节由于某种原因在发音时互换某些音位，即为换位。如北京方言中动词"言语"[iɛn^{35}y]，"老北京"实际发音为 [yɛn^{35}i]，前音韵头与后音韵腹换位了。

（六）增音

相邻的两个音节由于某种原因在发音时增加音位，即为增音。如"啊"

[A]与前一韵腹/韵尾为a、i、ü的音节组合时，实际发音变为"呀"[ia]，增加了一个[i]音。

第二节　轻声

一、轻声的定义

普通话音节失去原有声调而变成的一种又轻又短的调子被称为轻声，又称轻化。普通话中的轻声不是一个独立的声调，只是在词或句子中由于某种原因使音节的原有声调变得短弱模糊。本节例词除个别外均选自普通话水平测试必读轻声词语。

二、轻声的作用

轻声不仅是一种音变现象，还具有区别词义、区分词性、辨别词和短语等语法作用。

（一）区别词义

有些音节可读原调，也可读轻声，二者具有不同的词义；有些则是同音异形词。

表1　区别词义的轻声例词

例词	原调	轻声
大爷	地位较高或傲慢的男性	老年男性
地方	与中央相对的各级行政区域的统称	区域
老子	道家学派创始人	傲慢的人自称
孢子/包子	脱离亲本后能直接或间接发育成新个体的生殖细胞	一种面食
苍鹰/苍蝇	一种猛禽	一种昆虫
蛇头/舌头	组织偷渡的人或蛇的头部	人体器官

（二）区分词性

词性不同，意义必然不同，有些音节读轻声在区分词性的同时自然区别了词义。

表2　区分词性的轻声例词

例词	原调	轻声
大意	名词（主要意思）	形容词（疏忽）
地道	名词（地下通道）	形容词（正宗）
人家	名词（住户）	代词（自己或别人）
言语	名词（说出的话）	动词（说话行为）

（三）辨别词和短语

有些音节读轻声在辨别词和短语的同时自然区别了词义。

表3　辨别词和短语的轻声例词

例词	原调	轻声
本事	偏正短语（这件事）	名词（本领）
东西	并列短语（东边和西边）	名词（物品）
火烧	主谓短语（用火燃烧）	名词（一种面食）
运气	动宾短语（做气功）	名词（命运）

三、轻声的出现规律

（一）语气词

啊　哎　吧　哈　吗　嘛　哪　呢　啦　哇　呀　哟

（二）助词

1.结构助词

的　地　得

2.时态助词

着　了　过

（三）量词

个

（四）名词后缀

1.虚词素

巴　头　子

2.表复数

们

3.表方位

里　上　下

（五）动词后缀

来　去　下

（六）叠音词的重叠部分

1.叠音名词

爸爸　妈妈　奶奶　爷爷

2.叠音动词

尝尝　看看　试试　走走

（七）夹在叠音动词与形容词中的音节

1.夹在叠音动词中的"一"

尝一尝　看一看　试一试　走一走

2.夹在叠音动词中的"不"

尝不尝　看不看　试不试　走不走

3.夹在叠音形容词中的"不"

好不好　美不美　香不香　行不行

（八）部分双音节单纯词的后一个音节

疙瘩　喇叭　萝卜　苗条

（九）习惯（必读）轻声

灯笼　粮食　事情　喜欢

四、轻声的发音规律

轻声音节虽然就音强而言相对轻弱，就音质而言相对模糊，就音长而言相对短促，存在一定的共性，但是就音高而言仍然存在较为明显的差异。经过实验语音学的测定，轻声音节的音高由前一个音节的声调决定。

（一）阴平后的轻声音节大致为半低调（2度）

嘟囔　耽搁　星星　桌子

（二）阳平后的轻声音节大致为中调（3度）

糊涂　累赘　馒头　脾气

（三）上声后的轻声音节大致为半高调（4度）

马虎　你们　嗓子　眼睛

（四）去声后的轻声音节大致为低调（1度）

嫁妆　吓唬　栅栏　帐篷

五、必读轻声与轻重两可

应注意在新闻播报中，轻重两可的词语一般读原调。

六、轻声的训练路径

阶段一：读词句

通过练习熟练掌握普通话水平测试必读轻声词语，同时做到轻声发音不拖沓、不吃音且规范准确。

阶段二：绕口令

乡下起了屋子，
屋里摆个柜子，
柜上放个箱子，
箱里装个匣子，
匣下有个盒子，
盒里塞着绸子，
绸里裹着镯子，
镯上镶着金子，
金子换的屋子。

通过绕口令练习，熟悉轻声的发音规律，体会前一音节声调所影响的轻声音节和音高的不同。

阶段三：读诗文

我和母亲走在前面，我的妻子和儿子走在后面。小家伙突然叫起来："前面也是妈妈和儿子，后面也是妈妈和儿子。"我们都笑了。

（普通话水平测试朗读文章——莫怀戚《散步》）

通过朗读诗文练习，感受语流中轻声的具体使用，培养表达轻声的精准语感。

普通话水平测试必读轻声词语

爱人	案子	巴掌	靶子	把子	爸爸	白净	班子	板子	帮手
梆子	膀子	棒槌	棒子	包袱	包涵	包子	豹子	杯子	被子
本事	本子	鼻子	比方	鞭子	扁担	辫子	别扭	饼子	拨弄
脖子	簸箕	补丁	步子	部分	裁缝	财主	苍蝇	差事	柴火
肠子	厂子	场子	车子	称呼	池子	尺子	虫子	绸子	除了
锄头	畜生	窗户	窗子	锤子	刺猬	凑合	村子	耷拉	答应
打扮	打点	打发	打量	打算	打听	大方	大爷	大夫	带子
袋子	耽搁	耽误	单子	胆子	担子	刀子	道士	稻子	灯笼
提防	笛子	底子	地道	地方	弟弟	弟兄	点心	调子	钉子
东家	东西	动静	动弹	豆腐	豆子	嘟囔	肚子	缎子	对付
对头	队伍	多么	蛾子	儿子	耳朵	贩子	房子	份子	风筝
疯子	福气	斧子	盖子	甘蔗	杆子	干事	杠子	高粱	膏药
稿子	告诉	疙瘩	哥哥	胳膊	鸽子	格子	个子	根子	跟头
工夫	弓子	公公	功夫	钩子	姑姑	姑娘	谷子	骨头	故事
寡妇	褂子	怪物	关系	官司	罐头	罐子	规矩	闺女	鬼子
柜子	棍子	锅子	果子	蛤蟆	孩子	含糊	汉子	行当	合同
和尚	核桃	盒子	红火	猴子	后头	厚道	狐狸	胡琴	糊涂
皇上	幌子	胡萝卜	活泼	火候	伙计	护士	机灵	脊梁	
记号	记性	夹子	家伙	架势	架子	嫁妆	尖子	茧子	剪子
见识	毽子	将就	交情	饺子	叫唤	轿子	结实	街坊	姐夫
姐姐	戒指	金子	精神	镜子	舅舅	橘子	句子	卷子	咳嗽
客气	空子	口袋	口子	扣子	窟窿	裤子	快活	筷子	框子
困难	阔气	喇叭	喇嘛	篮子	懒得	浪头	老婆	老实	老爷
老子	姥姥	累赘	篱笆	里头	力气	厉害	利落	利索	例子
栗子	痢疾	连累	帘子	凉快	粮食	料子	林子	翎子	领子
溜达	聋子	笼子	炉子	路子	轮子	萝卜	骡子	骆驼	妈妈
麻烦	麻利	麻子	马虎	码头	买卖	麦子	馒头	忙活	冒失

第三部分 变化与表达

帽子	眉毛	媒人	妹妹	门道	眯缝	迷糊	面子	苗条	苗头
名堂	名字	明白	蘑菇	模糊	木匠	木头	那么	奶奶	难为
脑袋	脑子	能耐	你们	念叨	念头	娘家	镊子	奴才	女婿
暖和	疟疾	拍子	牌楼	牌子	盘算	盘子	胖子	狍子	盆子
朋友	棚子	脾气	皮子	痞子	屁股	片子	便宜	骗子	票子
漂亮	瓶子	婆家	婆婆	铺盖	欺负	旗子	前头	钳子	茄子
亲戚	勤快	清楚	亲家	曲子	圈子	拳头	裙子	热闹	人家
人们	认识	日子	褥子	塞子	嗓子	嫂子	扫帚	沙子	傻子
扇子	商量	上司	上头	烧饼	勺子	少爷	哨子	舌头	身子
什么	婶子	生意	牲口	绳子	师父	师傅	虱子	狮子	石匠
石榴	石头	时候	实在	拾掇	使唤	世故	似的	事情	柿子
收成	收拾	首饰	叔叔	梳子	舒服	舒坦	疏忽	爽快	思量
算计	岁数	孙子	他们	它们	她们	台子	太太	摊子	坛子
毯子	桃子	特务	梯子	蹄子	挑剔	挑子	条子	跳蚤	铁匠
亭子	头发	头子	兔子	妥当	唾沫	挖苦	娃娃	袜子	晚上
尾巴	委屈	为了	位置	位子	蚊子	稳当	我们	屋子	稀罕
席子	媳妇	喜欢	瞎子	匣子	下巴	吓唬	先生	乡下	箱子
相声	消息	小气	小子	笑话	谢谢	心思	星星	猩猩	行李
性子	兄弟	休息	秀才	秀气	袖子	靴子	学生	学问	丫头
鸭子	衙门	哑巴	胭脂	烟筒	眼睛	燕子	秧歌	养活	样子
吆喝	妖精	钥匙	椰子	爷爷	叶子	一辈子	衣服	衣裳	椅子
意思	银子	影子	应酬	柚子	冤枉	院子	月饼	月亮	云彩
运气	在乎	咱们	早上	怎么	扎实	眨巴	栅栏	宅子	寨子
张罗	丈夫	帐篷	丈人	帐子	招呼	招牌	折腾	这个	这么
枕头	镇子	芝麻	知识	侄子	指甲	指头	种子	珠子	竹子
主意	主子	柱子	爪子	转悠	庄稼	庄子	壮实	状元	锥子
桌子	字号	自在	粽子	祖宗	嘴巴	作坊	琢磨	不由得	

不在乎　小伙子　老太太　老头子　两口子

普通话水平测试可读轻声词语

把手	摆布	摆弄	摆设	褒贬	报复	报应	抱怨	北边	本钱
鼻涕	别致	成分	抽屉	刺激	答复	道理	得罪	底细	底下
地下	点缀	惦记	东边	懂得	短处	翻腾	反正	分寸	分量
风水	扶手	服侍	斧头	父亲	感激	告示	跟前	工钱	公家
功劳	恭维	勾当	估量	害处	行家	好处	喉咙	后面	花费
黄瓜	回去	会计	晦气	活动	火气	伙食	祸害	机会	机器
记得	忌讳	价钱	觉得	苦头	困难	拉拢	老鼠	理事	力量
邻居	伶俐	琉璃	露水	逻辑	埋伏	卖弄	毛病	没有	眉目
棉花	免得	摸索	母亲	牡丹	哪里	南边	南瓜	难处	泥鳅
挪动	排场	牌坊	佩服	喷嚏	琵琶	篇幅	撇开	泼辣	破绽
魄力	菩萨	葡萄	妻子	气氛	前边	前面	敲打	亲事	情形
情绪	去处	任务	上面	身份	神气	神仙	生日	使得	势力
势头	手巾	书记	说法	孙女	太监	态度	提拔	体谅	替换
通融	徒弟	围裙	味道	西瓜	喜鹊	下面	显得	想法	小姐
晓得	新鲜	修行	烟囱	妖怪	摇晃	义气	益处	意见	意识
樱桃	应付	右面	鸳鸯	愿意	月季	匀称	糟蹋	早晨	渣滓
长处	照顾	照应	折磨	这里	阵势	知道	值得	指头	志气
嘱咐	住处	资格	左面	差不多	打交道	大不了	禁不住	靠不住
来不及	老人家	冷不防	了不得	葡萄酒	葡萄糖	舍不得

第三节　儿化

一、儿化的定义

普通话中er自成音节，但作为一个音素其可与前一个音节的韵母结合使之成为卷舌韵母，这种现象被称为儿化，又称儿化音、儿化韵。

前文已述，普通话的儿化音不是一个独立的音节，只是卷舌动作，拼写时加"r"，汉字后加词缀"儿"。

二、儿化的作用

儿化不仅仅是一种音变现象，还具有区别词义、区分词性等语法作用，亦能表示形状微小或喜爱、亲切等修辞色彩。

（一）区别词义

头（脑袋）—头儿（领导）

信（信件）—信儿（消息）

眼（眼睛）—眼儿（小洞）

（二）区分词性

垫（动词）—垫儿（名词）

盖（动词）—盖儿（名词）

画（动词）—画儿（名词）

尖（形容词）—尖儿（名词）

（三）修辞色彩

1.表示形状微小

缝—缝儿　棍—棍儿　瓶—瓶儿　勺—勺儿

2.表示喜爱、亲切等

哥俩—哥儿俩　毛驴—毛驴儿　梅花—梅花儿　皮球—皮球儿

三、儿化的发音规律

例词均选自普通话水平测试儿化词语。

（一）直接儿化

1. 韵腹或韵尾为 u、o、e、a 时直接卷舌

表 4　韵腹或韵尾为 u、o、e、a 时直接卷舌例词

韵母	儿化后	例词
u	ur	泪珠儿　没谱儿　有数儿　枣核儿
ou	our	老头儿　纽扣儿　小偷儿　衣兜儿
iou	iour	顶牛儿　加油儿　棉球儿　抓阄儿
o	or	耳膜儿　粉末儿
uo	uor	被窝儿　大伙儿　火锅儿　邮戳儿
ao	aor	半道儿　灯泡儿　红包儿　口哨儿
iao	iaor	豆角儿　火苗儿　开窍儿　跑调儿
e	er	挨个儿　唱歌儿　逗乐儿　模特儿
ie	ier	半截儿　小鞋儿
üe	üer	旦角儿　主角儿
a	ar	刀把儿　号码儿　戏法儿　找碴儿
ia	iar	掉价儿　豆芽儿　一下儿
ua	uar	大褂儿　麻花儿　脑瓜儿　牙刷儿

2. 韵母为 i、ü 时直接卷舌（注意拼音写法与主要元音的改变）

表 5　韵母为 i、ü 时直接卷舌例词

韵母	儿化后	例词
i	ier	垫底儿　肚脐儿　玩意儿　针鼻儿
ü	üer	毛驴儿　痰盂儿　小曲儿

（二）去音儿化

1. 韵尾为 i、n 时去掉韵尾后卷舌

表 6　韵尾为 i、n 时去掉韵尾后卷舌例词

韵母	儿化后	例词
ai	ar	壶盖儿　名牌儿　小孩儿　鞋带儿
uai	uar	一块儿
ei	er	刀背儿　摸黑儿
uei	uer	墨水儿　跑腿儿　围嘴儿　走味儿
an	ar	笔杆儿　快板儿　老伴儿　收摊儿
ian	iar	拉链儿　扇面儿　心眼儿　牙签儿
uan	uar	茶馆儿　大腕儿　拐弯儿　好玩儿
en	er	别针儿　花盆儿　高跟儿鞋　小人儿书
uen	uer	冰棍儿　打盹儿　没准儿　胖墩儿

2. 韵母为 in、ün 时去掉韵尾后卷舌（注意拼音写法与主要元音的改变）

表 7　韵母为 in、ün 时去掉韵尾后卷舌例词

韵母	儿化后	例词
in	ier	脚印儿　送信儿　有劲儿
ün	üer	合群儿

3. 韵母为 -i（前）、-i（后）时去掉韵母后卷舌（注意拼音写法与主要元音的改变）

表 8　韵母为 -i（前）、-i（后）时去掉韵母后卷舌例词

韵母	儿化后	例词
-i（前）	er	瓜子儿　石子儿　没词儿　挑刺儿
-i（后）	er	墨汁儿　锯齿儿　记事儿

（三）变音儿化

1.韵尾为ng时去掉韵尾使主要元音鼻化后卷舌

表9　韵尾为ng时去掉韵尾使主要元音鼻化后卷舌例词

韵母	儿化后	例词
ang	ãr	赶趟儿　瓜瓤儿　香肠儿　药方儿
iang	iãr	鼻梁儿　花样儿　透亮儿
uang	uãr	打晃儿　蛋黄儿　天窗儿
eng	ẽr	脖颈儿　钢镚儿　夹缝儿　提成儿
ueng	uẽr	小瓮儿
ong	õr	抽空儿　胡同儿　酒盅儿　门洞儿
iong	iõr	小熊儿

2.韵母为ing时去掉韵尾使主要元音鼻化后卷舌（注意拼音写法与主要元音的改变）

表10　韵母为ing时去掉韵尾使主要元音鼻化后卷舌例词

韵母	儿化后	例词
ing	iẽr	蛋清儿　人影儿　图钉儿　眼镜儿

四、儿化的训练路径

阶段一：读词句

板儿寸　刺儿头　底儿掉　份儿饭　蔫儿坏　猫儿腻　片儿警　昨儿个　白眼儿狼　瓜子儿脸　隔辈儿亲　一头儿沉

通过练习熟练掌握普通话水平测试儿化词语，同时做到儿化发音规范、准确。需要注意的是，北京方言中存在较多的儿化音，应当根据规范标准以及情境场合恰切使用，对于一些已经进入日常会话的"词中儿化"的词语或短语，可适当练习、熟悉，增强儿化语感。

阶段二：绕口令

> 学儿化，
> 有窍门儿，
> 起早儿摸黑儿不打盹儿，
> 有空儿没空儿练点儿词儿，
> 见缝儿插针儿拉家常儿，
> 半道儿溜号儿准没门儿。

通过绕口令练习，熟悉儿化的发音规律。有些绕口令为了加强练习会将不能儿化的音节儿化，应注意分辨。

阶段三：读诗文

最妙的是下点儿小雪呀。看吧，山上的矮松越发的青黑，树尖上顶着一髻儿白花，好像日本看护妇。山尖儿全白了，给蓝天镶上一道银边。山坡上，有的地方雪厚点儿，有的地方草色还露着；这样，一道儿白，一道儿暗黄，给山们穿上一件带水纹的花衣；看着看着，这件花衣好像被风儿吹动，叫你希望看见一点儿更美的山的肌肤。

（普通话水平测试朗读文章——老舍《济南的冬天》）

通过朗读诗文练习，感受语流中儿化的具体使用，培养表达儿化的精准语感。

普通话水平测试儿化词语

刀把儿	号码儿	戏法儿	在哪儿	找碴儿	打杂儿	板擦儿	名牌儿
鞋带儿	壶盖儿	小孩儿	加塞儿	快板儿	老伴儿	蒜瓣儿	脸盘儿
脸蛋儿	收摊儿	栅栏儿	包干儿	笔杆儿	门槛儿	药方儿	赶趟儿
香肠儿	瓜瓤儿	掉价儿	一下儿	豆芽儿	小辫儿	照片儿	扇面儿

差点儿	一点儿	雨点儿	聊天儿	拉链儿	冒尖儿	坎肩儿	牙签儿
露馅儿	心眼儿	鼻梁儿	透亮儿	花样儿	脑瓜儿	大褂儿	麻花儿
笑话儿	牙刷儿	一块儿	茶馆儿	饭馆儿	火罐儿	落款儿	打转儿
拐弯儿	好玩儿	大腕儿	蛋黄儿	打晃儿	天窗儿	烟卷儿	手绢儿
出圈儿	包圆儿	人缘儿	绕远儿	杂院儿	刀背儿	摸黑儿	老本儿
花盆儿	嗓门儿	把门儿	哥们儿	纳闷儿	后跟儿	别针儿	一阵儿
走神儿	大婶儿	杏仁儿	刀刃儿	钢镚儿	夹缝儿	脖颈儿	提成儿
半截儿	小鞋儿	旦角儿	主角儿	跑腿儿	一会儿	耳垂儿	墨水儿
围嘴儿	走味儿	打盹儿	胖墩儿	砂轮儿	冰棍儿	没准儿	开春儿
小瓮儿	瓜子儿	石子儿	没词儿	挑刺儿	墨汁儿	锯齿儿	记事儿
针鼻儿	垫底儿	肚脐儿	玩意儿	有劲儿	送信儿	脚印儿	花瓶儿
打鸣儿	图钉儿	门铃儿	眼镜儿	蛋清儿	火星儿	人影儿	毛驴儿
小曲儿	痰盂儿	合群儿	模特儿	逗乐儿	唱歌儿	挨个儿	打嗝儿
饭盒儿	在这儿	碎步儿	没谱儿	梨核儿	泪珠儿	有数儿	果冻儿
门洞儿	胡同儿	抽空儿	酒盅儿	小葱儿	小熊儿	红包儿	灯泡儿
半道儿	手套儿	跳高儿	叫好儿	口罩儿	绝着儿	口哨儿	蜜枣儿
鱼漂儿	火苗儿	跑调儿	面条儿	豆角儿	开窍儿	衣兜儿	老头儿
年头儿	小偷儿	门口儿	纽扣儿	线轴儿	小丑儿	加油儿	顶牛儿
抓阄儿	棉球儿	火锅儿	做活儿	大伙儿	邮戳儿	小说儿	被窝儿
耳膜儿	粉末儿	小人儿书	高跟儿鞋	儿媳妇儿			

第四节 轻重格式

一、轻重格式的定义

多音节词每个音节之间约定俗成的轻重强弱的差别即为轻重格式。一般将轻重格式等级划分为重、中、轻三级,轻即为前文所述轻声。

单音节词无所谓轻重。五音节以上词多为外来词,掌握了双音节词、三音节词、四音节词的轻重格式，五音节以上词的轻重格式便可以举一反三。普通话中双音节词占一半左右，而多音节词不少亦可缩略为双音节词，因此掌握双音节词的轻重格式尤应引起重视。

汉语方言众多，不少方言词语的轻重格式与汉语普通话词语的轻重格式有异甚至相反，准确把握轻重格式是播音主持有声语言的必然要求，亦是衡量普通话水平的一个重要指标。

二、双音节词的轻重格式

双音节词的轻重格式有三种，即中重、重中、重轻。其中，重轻为轻声，中重在双音节词中占优势。

（一）中重

宝贵　本身　盘旋　婆娑　马路　牡丹　仿佛　废旧　自己　憎恨
词语　苍穹　思考　搜查　得力　豆荚　投影　退休　年轻　女神
辣条　螺纹　卓越　展览　成语　出现　世界　双簧　日记　如果
加入　精英　积极　聚会　强调　球队　辛勤　形象　观光　规划
豪放　昏聩　怀孕　洱海　老翁

（二）重中

变化　贸易　作家　脆弱　素淡　堕落　难点　浪漫　春天　视力
战士　人口　季度　现象　规律　况且　厌恶　阅历

三、三音节词的轻重格式

三音节词的轻重格式主要有三种，即中中重、中轻重、中重轻。其中，中重轻为轻声。中轻重的第二个音节实际不会和轻声完全一样，格式大致为中次轻重。

（一）中中重

播音员　贫困线　马前卒　飞行器　座右铭　塑钢窗　酸梅汤　电视剧

图书馆　尼古丁　疗养院　主持人　收音机　日光浴　甲骨文　清平调
西红柿　国际歌　科学院　红楼梦

（二）中轻重
保不齐　谈得来　冷不防　吃不消　数得着　过得去

（三）中重轻
菜篮子　打交道　癞蛤蟆　糖葫芦　手指头　枪杆子

四、四音节词的轻重格式

四音节词的轻重格式主要有三种，即中重中重、重中中重、中轻中重。中重中重多为两个双音节中重词语并列联合而成。重中中重多为具有修饰、陈述、支配等关系的"一三式"组合而成。中轻中重多为"AABB式""A里AB式"的形容词，第二个音节实际不会和轻声完全一样，格式大致为中次轻中重。同时，应注意口语中"AABB式"后两个音节、"A里AB式"最后一个音节一般读为阴平。

（一）中重中重
半斤八两　盘根错节　面黄肌瘦　丰衣足食　砸锅卖铁　沧海桑田
思前想后　独断专行　谈天说地　南腔北调　龙飞凤舞　珠圆玉润
察言观色　山呼海啸　入乡随俗　经年累月　轻歌曼舞　心猿意马
国色天香　克己奉公　欢天喜地

（二）重中中重
百无一用　旁若无人　门可罗雀　付之东流　责无旁贷　惨绝人寰
丧尽天良　大有人在　逃之夭夭　难以为继　劳而无功　正中下怀
长此以往　身经百战　日上三竿　疾如旋踵　气贯长虹　席卷天下
概莫能外　扣人心弦　合而为一

（三）中轻中重
漂漂亮亮　热热闹闹　拖拖拉拉　嘻嘻哈哈
糊里糊涂　慌里慌张　古里古怪　土里土气

五、轻重格式与重音

重音是根据语句目的、思想感情等的需要而加以强调的词或短语，是在稿件/语流中根据需要经过对比后产生的，不具备固定特征；轻重格式则是指音节与音节之间的音强比较，一般由于约定俗成而具有较大的稳定性。

但在具体语境中，重音的选择可能会改变词的轻重格式，如当"铁路"和"公路"对举、"浮雕"和"圆雕"对举时，重音便由后一个音节来到了前一个音节，格式由中重变为重中。因此，需要明确，词语的轻重格式应当以重音为核心，服从重音、服务重音；重音可以以符合轻重格式原型的声音形式出现，也可以改变轻重格式的原型。

第五节　音变

一、自由音变与不自由音变

（一）自由音变

音变条件虽然出现，但音变现象不一定必然产生，变与不变两可，随语言环境及个人习惯而异。

（二）不自由音变

音变条件一旦出现，音变现象必然产生。

二、"啊"的音变

语气词"啊"出现于句尾时，受前一音节韵腹/韵尾的影响，会产生语流音变现象。"啊"的音变亦可分为自由音变与不自由音变。

（一）自由音变

1. 前音节韵腹/韵尾为［-u］

当前音节韵腹/韵尾为［-u］时，"啊"可变读为［ua］"哇"，也可不变。

跳舞啊！　多好啊！　不够啊！　真苗条啊！　加油啊！

2.前音节韵腹为[-o/-ɤ]、韵尾为[-ɛ]

当前音节韵腹为[-o/-ɤ]、韵尾为[-ɛ]时，"啊"可变读为[ia]"呀"，也可不变。

磨墨啊！　真多啊！　好渴啊！　快写啊！　很坚决啊！

3.前音节韵腹/韵尾为[-ɿ]、[-ʅ/-ə/-r]，韵尾为[-ŋ]

当前音节韵腹/韵尾为[-ɿ]、[-ʅ/-ə/-r]，韵尾为[-ŋ]时，"啊"可变读为[za][ra][ŋa]，也可不变。

快吃啊！　儿啊！　花儿（儿化）啊！　唱啊！　不成啊！

多漂亮啊！　行不行啊！　心慌啊！　没用啊！　真凶啊！

（二）不自由音变

1.前音节韵腹/韵尾为[-a/-i/-y]

当前音节韵腹/韵尾为[-a/-i/-y]时，"啊"变读为[ia]"呀"。

是他（啊）呀！　回家（啊）呀！　顶呱呱（啊）呀！　要注意（啊）呀！

真可爱（啊）呀！　谁（啊）呀！　别见外（啊）呀！　不对（啊）呀！

多聚聚（啊）呀！

2.前音节韵尾为[-n]

当前音节韵尾为[-n]时，"啊"变读为[na]"哪"。

怎么办（啊）哪！　开门（啊）哪！　天（啊）哪！　当心（啊）哪！

有完没完（啊）哪！　好困（啊）哪！　真冤（啊）哪！　好晕（啊）哪！

第六节　变调

一、连续变调

声调语言的两个或两个以上音节连在一起时，音节的调值甚至调类有时会发生变化，这种现象被称为连续变调，简称变调。普通话中的连续变调主要有上声变调、"一"的变调、"不"的变调等。

值得注意的是，所谓去声变调，即去声处于阴平、阳平、上声音节前保持原调，处于去声音节前调值由51变为53，称为半降。严格来说，去声在所有音节之前基本都有损失，不能"一降到底"，去声变调区别从实验语音学的角度来看并不明显，语感上也并无本质差异，因此不作为变调现象。

二、上声变调

上声音节在单发或处于词尾句末时为原调，处于阴平、阳平、上声、去声音节前均会发生变调。

（一）上声+阴平/阳平/去声

上声调值由214变为211，称为半上。

1. 上声+阴平

北京　普通　美声　反思　紫薇　采摘　嗓音　倒戈　统一　碾压　缆车
转播　产生　始终　忍冬　酒精　娶亲　小区　果蔬　口风　海波

2. 上声+阳平

本来　品行　马达　粉红　总结　惨白　损人　顶层　坦然　女郎　流行
准时　丑角　省钱　日常　紧急　谴责　显然　裹挟　恳求　缓和

3. 上声+去声

表示　品位　木质　否定　怎样　璀璨　索契　短路　铁腕　脑力　履历
长相　储备　甩货　软卧　假定　请示　想念　诡辩　可视　火炮

（二）上声+上声

上声调值由214变为35，与阳平相似，称为阳上，又称直上。

宝岛　捧起　美女　粉笔　总理　采买　所以　党委　腿脚　扭转　老虎
只好　处理　手法　惹恼　解码　起点　洗礼　古老　口齿　海岛

（三）上声 + 轻声

1. 上声 + 轻声（原调上声的叠音亲属称谓）

上声调值由214变为211，称为半上。

奶奶　姥姥　婶婶　姐姐

2. 上声 + 轻声（原调非上声）

上声调值由214变为211，称为半上。

扁担　漂亮　忙活　风筝　在乎　裁缝　算计　打听　特务　娘家　篱笆
状元　锄头　石榴　认识　将就　欺负　靴子　胳膊　窟窿　厚道

3. 上声 + 轻声（原调上声）

一般这类轻声词多为轻重两可，读轻声时上声调值由214变为35，不可变为211。

把柄　打死　手里　想法

（四）上声 + 上声 + 上声

三个上声音节相连，末尾上声音节不变调，具体可分为单双式、双单式、并列式、人称式等情况。

1. 单双式

三音节为"一二式"组合，后两个音节关系更为密切，开头音节调值由214变为211，中间音节调值由214变为35。

米老鼠　党小组　吐口水　女选手　老首长　纸老虎　炒米粉　小语种

2. 双单式

三音节为"二一式"组合，前两个音节关系更为密切，开头音节和中间音节调值均由214变为35。

本垒打　蒙古语　总统府　导火索　铁拐李　冷水澡　展览馆　演讲稿

3. 并列式

三音节为并列关系，开头音节和中间音节调值均由214变为35。

某某某　水火土　甲乙丙　稳准狠

4. 人称式

三音节为人名或称谓，开头音节调值由214变为211，中间音节调值由214变为35。

史可法　孔乙己　马厂长　李导演

三、"一"的变调

"一"在单发、用作序数、处于词尾句末或一些固定词组中时为原调，处于阴平、阳平、上声、去声音节前均会发生变调，夹在叠音动词中为轻声。

（一）单发/用作序数/词尾句末/固定词组

在单发、用作序数、处于词尾句末或一些固定词组中时，"一"为原调阴平，调值55。

第一　表里如一　整齐划一　一来二去　一五一十

（二）一+阴平/阳平/上声

处于阴平、阳平、上声音节前时，"一"的调值由55变为51，与去声相似。

一包　一天　一只　一声　一斤　一筐
一排　一层　一年　一篮　一群　一盒
一把　一秒　一起　一两　一桶　一首

（三）一+去声

处于去声音节前时，"一"的调值由55变为35，与阳平相似。

一次　一套　一致　一切　一个　一块

（四）夹在叠音动词中

前文已述，夹在叠音动词中的"一"由原调变为轻声。

品一品　说一说　缓一缓　用一用　玩一玩　闻一闻

四、"不"的变调

"不"在单发、处于词尾句末或阴平、阳平、上声音节前时为原调，处于去声音节前由去声变为阳平，夹在叠音动词/形容词中为轻声。

（一）单发/词尾句末/非去声前

在单发、处于词尾句末或非去声音节前时，"不"为原调去声，调值51。

决不　偏不　不争　不平　不好

（二）不+去声

处于去声音节前时，"不"的调值由51变为35，与阳平相似。

不便　不错　不但　不是　不去　不愿

（三）夹在叠音动词/形容词中

前文已述，夹在叠音动词/形容词中的"不"由原调变为轻声。

跑不跑　来不来　去不去　多不多　难不难　少不少

五、变调训练

（一）上声变调的训练路径

由读双音节词到多音节词循序渐进，熟练掌握上声变调的基本模式，做到无意识张口即正确。对于非固定搭配的多音节上声相连词/短语/句子，应具体分析内部组织结构与意义灵活处理。

把手举起来　演讲与口才　总统府广场

我想买五百匹马　打九百眼井已属勉强

省体委小吕百米跑九秒九九

请你赶紧找点草稿纸把演讲稿早点写好给我改

（二）"一"的变调的训练路径

阶段一：读词句

一衣带水　一劳永逸　一笔勾销　一视同仁

百无一失　济济一堂　三位一体　沆瀣一气

一朝一夕　一来一回　一板一眼　一唱一和

一心一意　一模一样　一起一落　一上一下

通过练习熟练掌握"一"在不同声调音节前的准确读音。

阶段二：读诗文

一帆一桨一渔舟，
一个渔翁一钓钩。
一俯一仰一场笑，
一江明月一江秋。

（清·陈沆《一字诗》）

一年老一年，一日没一日，一秋又一秋，一辈催一辈。一聚一离别，一喜一伤悲，一榻一身卧，一生一梦里。寻一伙相识，他一会咱一会。都一般相知，吹一回唱一回。

（元·无名氏《雁儿落带过得胜令》）

通过朗读诗词练习，感受语流中"一"的变调，由有意识想到正确变调再进入无意识张口即正确变调的阶段。

第二章 语调

第一节 语调

一、语调的定义

语调，也称句调，是语言学的重要概念，但对其内涵学界未有定论，大致可以分为广义和狭义两种，广义上语调与音高、音长、音强、停连、节奏等因素均有关联，狭义上语调则只与音高相关。

语调是语句高低升降、起伏变化的声音形式，包括调高、调移、调幅等的变化。

二、语调的类型

语调大致有平调、升调、降调、曲调等四类，在具体使用中又有程度的差异与组合。对于播音员主持人而言，升调、降调意义比较明确，应注意平调、曲调的消极色彩，避免产生语言歧义、沟通障碍。

（一）平调

平调平直向前，意表犹豫、沉吟、冷漠等。

（二）升调

升调昂扬上升，意表疑问、请求、鼓励等。

（三）降调

降调收抑下降，意表陈述、肯定、感叹等。

（四）曲调

曲调弯曲向前，意表意外、讥讽、夸张等。

三、语调与声调

语调的高低升降是构成语句的各音节调域整体的起伏变化，是在各音节调域高低宽窄的对比中显现的；声调只是单个音节调域范围内调值的高低升降。因此，语调基本不会影响声调的调值，或者说，在听感上依然可以有效辨别。

四、语调与语气

语调仅仅是语句声音形式的起伏变化，没有思想感情的参与依然可以表达意义或感情；语气是思想感情支配下语句的声音形式，相较于语调，其拥有不同的感情色彩和分量，内涵更为丰富，表达更为精细。

可以说，语调是语气的基础。对于播音员主持人而言，首先应当了解语调并能够正确使用不同的语调，在此基础上融入思想感情运动变化的支配，进行精微语气的打磨和塑造。

第二节 语势

一、语势的定义

语势是语句声音的态势。语势可受思想感情的支配，亦可将其看作语调类型的组成元素，是从实践出发对语调类型的具化与细化。

虽然"语无定势"，不可在表达中机械套用，但可以大致的走向对其进行分类描摹，有助于在实际表达中根据需要组合使用。

二、语势的类型

根据语句的走向态势，大致可将其分为平进势、上山势、下山势、波峰势、波谷势、半起势、半落势等类型。在具体表达时应根据需要、借助语感，恰切使用、灵活组合，避免生硬套用类型而缚住手脚、落入窠臼，或形成固定腔调。

（一）平进势

平直前进、不偏不倚，如"花褪残红青杏小"。

（二）上山势

由低到高、盘旋而上，如"让暴风雨来得更猛烈些吧"。

（三）下山势

由高到低、顺势而下，如"今天的节目播送完了"。

（四）波峰势

弯曲向前、中间最高，如"现在播送《文艺随笔》节目"。

（五）波谷势

弯曲向前、中间最低，如"鱼戏莲叶间"。

（六）半起势

趋势向上、如悬半空，如"难道在做梦"。

（七）半落势

趋势向下、意犹未尽，如"追往事，叹今吾，春风不染白髭须"。

第三节　语调的训练

语调的训练重在对语调类型及语势的直观、准确把握，为语气等表达技巧的学习奠定基础。

【训练路径】

按照难易程度大致将训练分为三个阶段。阶段一,读单句,以不同语调表达同一语句的不同指向;阶段二,读现当代诗歌散文,在篇章中对比观照具体语句的不同语调;阶段三,读新闻评论,以不同语调恰切表达态度、立场、目的等。

阶段一:

你—把—东—西—还—给—我……→(平调,表威胁)

你把东西还给我!↗(升调,表请求)

你把东西还给我!↘(降调,表命令)

你把东西还给我。~(曲调,表撒娇)

阶段二:

真好!朋友送我一对珍珠鸟。放在一个简易的竹条编成的笼子里,笼内还有一卷干草,那是小鸟舒适又温暖的巢。

有人说,这是一种怕人的鸟。

我把它挂在窗前。那儿还有一大盆异常茂盛的法国吊兰。我便用吊兰长长的、串生着小绿叶的垂蔓蒙盖在鸟笼上,它们就像躲进深幽的丛林一样安全;从中传出的笛儿般又细又亮的叫声,也就格外轻松自在了。

阳光从窗外射入,透过这里,吊兰那些无数指甲状的小叶,一半成了黑影,一半被照透,如同碧玉;斑斑驳驳,生意葱茏。小鸟的影子就在这中间隐约闪动,看不完整,有时连笼子也看不出,却见它们可爱的鲜红小嘴儿从绿叶中伸出来。

我很少扒开叶蔓瞧它们,它们便渐渐敢伸出小脑袋瞅瞅我。我们就这样一点点熟悉了。

三个月后,那一团越发繁茂的绿蔓里边,发出一种尖细又娇嫩的鸣叫。我猜到,是它们有了雏儿。我呢?决不掀开叶片往里看,连添食加水时也不睁大好奇的眼去惊动它们。过不多久,忽然有一个小脑袋从叶间探出来。更小哟,雏儿!正是这小家伙!

它小，就能轻易地由疏格的笼子钻出身。瞧，多么像它的母亲：红嘴红脚，灰蓝色的毛，只是后背还没有生出珍珠似的圆圆的白点；它好肥，整个身子好像一个蓬松的球儿。

起先，这小家伙只在笼子四周活动，随后就在屋里飞来飞去，一会儿落在柜顶上，一会儿神气十足地站在书架上，啄着书背上那些大文豪的名字；一会儿把灯绳撞得来回摇动，跟着逃到画框上去了。只要大鸟在笼里生气儿地叫一声，它立即飞回笼里去。

我不管它。这样久了，打开窗子，它最多只在窗框上站一会儿，决不飞出去。

渐渐它胆子大了，就落在我的书桌上。

它先是离我较远，见我不去伤害它，便一点点挨近，然后蹦到我的杯子上，俯下头来喝茶，再偏过脸瞧瞧我的反应。我只是微微一笑，依旧写东西，它就放开胆子跑到稿纸上，绕着我的笔尖蹦来蹦去；跳动的小红爪子在纸上发出嚓嚓响。

我不动声色地写，默默享受着这小家伙亲近的情意。这样，它完全放心了，索性用那涂了蜡似的、角质的小红嘴，"嗒嗒"啄着我颤动的笔尖。我用手抚一抚它细腻的绒毛，它也不怕，反而友好地啄两下我的手指。

白天，它这样淘气地陪伴我；天色入暮，它就在父母的再三呼唤声中，飞向笼子，扭动滚圆的身子，挤开那些绿叶钻进去。

有一天，我伏案写作时，它居然落到我的肩上。我手中的笔不觉停了，生怕惊跑它。待一会儿，扭头看，这小家伙竟趴在我的肩头睡着了，银灰色的眼睑盖住眸子，小红脚刚好给胸脯上长长的绒毛盖住。我轻轻抬一抬肩，它没醒，睡得好熟！还咂咂嘴，难道在做梦！

我笔尖一动，流泻下一时的感受：

信赖，往往创造出美好的境界。

（冯骥才《珍珠鸟》）

朗读前先分析每句话的意义、情感指向，试读后找到最为恰当的语调或语势，可标注后再朗读。

阶段三：

《主播说联播》，今天来说说太空"出差三人组"。

前两天，不少网友抓拍到了天空中浪漫的一幕——中国空间站和天舟二号同步飞过鲜花绽放的春天的北京，网友们把这一刻称作"吻别"瞬间。其实，这是天舟二号"快递小哥"圆满完成任务与空间站分离的场景。

目前呢，天舟二号已经撤离了空间站核心舱组合体，神舟十三号的航天员们也已经开始打包行李、强化体能，准备"回家"了。到如今，"出差三人组"已经在空间站工作生活了5个多月，这期间上演了一幕幕"宇宙级浪漫""世界级惊艳"。航天员们在空间站过大年、送祝福，让虎年春节"太空感"十足。"天地对话"连线互动，为港澳在内的全国青年播下了航天梦的种子，更点燃了他们为祖国骄傲的爱国热情。最高的科普课"天宫课堂"，拉近了孩子们与宇宙之间的距离，将"高大上"的科学知识通俗易懂地演示出来，更孕育了无限可能的未来。

这份宇宙级精彩的背后，离不开一代代航天人前后相继、攻坚克难。未来，中国航天还有一项项催人奋进的新计划，浩瀚太空的探索里会有越来越多的中国足迹。

归来并不是结束，而是下一个精彩的开始。我们期待"出差三人组"回家，也期待中国航天以更自信的姿态，向着星辰大海继续迈进！

（2022.3.29《主播说联播》）

表达前先明确评论的态度、立场、目的，理顺内容、找准语调，并试着向语气过渡。

第三章　声音弹性

第一节　声音弹性的特点

一、声音弹性的定义

声音弹性不是物理层面的弹性，而是指声音随着思想感情运动而变化的能力。人的思想感情始终处于运动变化中，这是播音主持语音发声及语言表达的内在动力，感情的变化引发气息的变化，气息的变化改变着声音的形式和状态。

二、声音弹性的作用

（一）表情达意

不同节目、不同内容、不同稿件等在思想感情上的精细区别都需要播音员主持人以不同的声音形式去表现，富于弹性的声音是对播音员主持人有声语言表达的必然要求，声音的变化性、丰富性、表现力、感染力等造型能力是从事播音主持工作的必要核心技能。

（二）中介桥梁

对语音发声的科学训练与熟稔掌握从某种程度来说正是为了获得声音弹性，声音弹性是语音发声技巧与具体思想感情结合后的更高阶段的声音表现，声音弹性为语言表达提供了坚实的基础，亦是由语音发声走向语言表达的重要中间环节与中介桥梁。

三、声音弹性的类型

（一）单一声音要素对比型

声音的高与低、强与弱、实与虚、快与慢、松与紧等属于声音弹性的单一要素对比类型。

（二）融合声音要素对比型

声音的刚与柔、纵与收、厚与薄、明与暗等属于声音弹性的融合要素对比类型。如若为"刚与柔"的用声对比，便可能涉及高低、强弱、实虚、快慢、松紧等多个单一要素的融合。

四、声音弹性的指征

声音是否具有弹性、弹性如何，大致可以从声音的可变度、可比度、可控度、可融度四个方面进行考察。声音的指征精细程度越高，声音弹性越好，表达力越强。

（一）可变度

由声音弹性的定义可见，可变度是声音是否具有弹性的首要指征。声音的变化是声音弹性的基础，具体体现在音高、音长、音强、音质这语音四要素上。

（二）可比度

声音的变化是在对比中呈现的，情绪的高低，感情的浓淡，态度的喜恶，气息的深浅、强弱、急徐，都通过声音的高低、强弱、实虚、快慢、松紧、刚柔、纵收、厚薄、明暗等表现出来。

（三）可控度

声音的每一项对比都有不同的层次，层次之间有着或大或小的差异，需要对每个对比项的各个层次都有精准的把控。

（四）可融度

播音员主持人所表达的内容和情感不是单一的，而是具有变化性、对比性、层次性的复杂系统，需要播音员主持人能够将声音的变化、对比、层次等各个方面有机融合、精准表现。

第二节　声音弹性的获得

一、情感体验

情感体验是获得声音弹性的基础和前提。情感体验是声音弹性的内部依据，声音弹性是情感体验的外部表现。声音弹性不能脱离情感、语境，否则只是机械的物理变化。只有具备细腻丰富的真情实感，才能以情带声、以声传情。

二、气息变化

气息变化是情感体验与声音弹性之间的纽带和桥梁。气息是发声的动力，气息是感情变化的表征，气息的变化是由情及声的中介。

三、发声能力

发声能力是获得声音弹性的条件和依靠。感情与气息准备到位之后，需要以声音进行表达，发声能力的强弱直接关系着表达水平的高低。发声能力是对语音发声各个技巧环节的控制能力，发声能力的强弱亦是控制力的强弱，应注意控制自如、分寸得当，在恰切的区间内发声表达，避免过高/过低、过强/过弱、过大/过小、过松/过紧、过前/过后、过多/过少等极限情况的出现。

四、情声气结合

声音弹性结合着语音发声与情感运动，既有声音形式，亦有情感内核。气随情动、声随情走是正确路径，情、声、气的完美结合是获得声音弹性的有效途径。

第三节　声音弹性的训练

一、单一声音要素对比训练

声音弹性训练是结合语音发声与感情运动的综合训练，不应仅关注语音发声的技巧，还应考虑情感所带来的心理依据。单一声音要素对比是分类型重点训练，并非表达时只存在单一的声音要素，在训练时应避免割裂理解与生硬表达。由于尚未进入语言表达阶段，所以不必过于纠结表达技巧，重在声音弹性的训练。

（一）高与低
【训练路径】
阶段一：读词句

东风夜放花千树。——低
东风夜放花千树。——次低
东风夜放花千树。——次高
东风夜放花千树。——高

（宋·辛弃疾《青玉案·元夕》）

以低、次低、次高、高等音高层级逐步升高再降低，注意在本人音域范围内朗读，避免极限。

阶段二：读诗文

待到秋来九月八，——低
我花开后百花杀。——次低
冲天香阵透长安，——次高
满城尽带黄金甲。——高

（唐·黄巢《不第后赋菊》）

体会在同一篇诗文里声音高低的不同层次,注意联系内容和情感,找到层次变化的心理依据。

(二)强与弱

【训练路径】

阶段一:读词句

为什么没发给他棉衣?——弱

为什么没发给他棉衣?——次弱

为什么没发给他棉衣?——次强

为什么没发给他棉衣?——强

(石钟山《军礼》)

以弱、次弱、次强、强等音强层级逐步增强再减弱,注意在本人音域范围内朗读,避免极限。

阶段二:读诗文

走东海,去又来,

讨回黄河万年债!——强

黄河女儿容颜改,

为你重整梳妆台。——次强

青天悬明镜,

湖水映光彩——弱

黄河女儿梳妆来!——次弱

(贺敬之《三门峡·梳妆台》)

体会在同一篇诗文里声音强弱的不同层次,注意联系内容和情感,找到层次变化的心理依据。

（三）实与虚

【训练路径】

阶段一：读词句

      四月深山见杏花。——实

      四月深山见杏花。——虚实结合

      四月深山见杏花。——虚

（清·杨应琚《乐都山村》）

  以实、虚实结合、虚等声音形式分别表达同一诗句，注意控制声门开合。播音主持用声要求以实为主、虚实结合，整体而言，新闻播报用声偏实，文艺作品虚声较多。练习时想象在不同情境下表达同一句话，找到用声虚实的心理依据。

阶段二：读诗文

  警卫员哇地一声哭了出来：——实

  "报告军长，他就是刚任命的军需处长。棉衣不够了……每人发的御寒辣椒他都没舍得吃一口啊……"——虚

（石钟山《军礼》）

  体会在同一篇诗文里根据不同内容声音虚实的不同处理。

（四）快与慢

【训练路径】

阶段一：读词句

      青春作伴好还乡。——慢速

      青春作伴好还乡。——中速

      青春作伴好还乡。——快速

（唐·杜甫《闻官军收河南河北》）

以慢速、中速、快速的语速层级逐步加快再放慢。

阶段二：读诗文

天下着鹅毛大雪。一支红军队伍在零下三十多度的酷寒中艰难地行进着。——慢

突然，队伍中有人喊了起来："有人冻死了！"——渐快

军长一震，急步向前跑去。——快

松树下，一位战士倚着树干，坐在雪窝里，一动也不动。——渐慢

（石钟山《军礼》）

体会在同一篇诗文里根据不同内容语速快慢的不同处理。

（五）松与紧

【训练路径】

阶段一：读词句

一生真伪复谁知？——松

一生真伪复谁知？——紧

（唐·白居易《放言五首·其三》）

松紧主要指吐字力度的不同，相对松散的发音更为随意、自然，相对工整的吐字则更为正式、严肃。以松紧不同的吐字力度分别表达同一诗句，体会情感传达的不同。

阶段二：读诗文

"每年的大年三十儿，我们的《一年又一年》都会准时地跟您相伴，到今年已经是第十九个年头儿了。"——松

"想想已经十九年了哈。"——松

"那么在今天的节目当中，目前观众朋友非常关心的防控新型冠状病毒感

染的肺炎疫情,我们也将会在第一时间为您带来最新的消息。"——紧

（2020.1.24《一年又一年》）

整体而言,新闻播音吐字力度强于其他节目,但在新闻播音中话语样式不同,吐字松紧亦会不同。体会在新闻播报里根据不同内容选择不同话语样式以及吐字松紧的不同处理。

二、融合声音要素对比训练

（一）刚与柔

总体而言,"刚"的声音多为中高音、音量较大、实声较多、吐字有力,常用以表现严肃、坚定、有力等情绪;"柔"的声音则为中低音、音量较小、虚声较多、吐字略松,常用以表达亲切、轻松、柔和等语气。应注意避免"过刚易折、过柔则靡",恰切使用、刚柔并济。

1. 刚

怒发冲冠,凭阑处、潇潇雨歇。抬望眼,仰天长啸,壮怀激烈。三十功名尘与土,八千里路云和月。莫等闲、白了少年头,空悲切。

靖康耻,犹未雪;臣子恨,何时灭?驾长车,踏破贺兰山缺。壮志饥餐胡虏肉,笑谈渴饮匈奴血。待从头、收拾旧山河,朝天阙。

（南宋·岳飞《满江红》）

全词情调激昂、慷慨壮烈,体会以"刚"的声音表现作者建功立业的信心及浩然正气、英雄气质。

2. 柔

江南好,
风景旧曾谙。
日出江花红胜火,

春来江水绿如蓝,

能不忆江南?

(唐·白居易《忆江南三首·其一》)

全词婉约柔美,体会以"柔"的声音表现对江南春色的无限赞叹及词韵悠长、余情摇漾。

(二)纵与收

纵与收主要指声音的外放与内收,与气息联系紧密。总体而言,"纵"时多为中高音、音量较大、实声较多、语速较快、气息畅快,常用以表现兴奋、激动、愤怒等情绪;"收"时则多为中低音、音量较小、虚声较多、语速较慢、气息细弱,常用以表现沉静、谨慎、忧伤等情绪。

1.纵

大江东去,浪淘尽,千古风流人物。故垒西边,人道是,三国周郎赤壁。乱石穿空,惊涛拍岸,卷起千堆雪。江山如画,一时多少豪杰。

遥想公瑾当年,小乔初嫁了,雄姿英发。羽扇纶巾,谈笑间,樯橹灰飞烟灭。故国神游,多情应笑我,早生华发。人生如梦,一尊还酹江月。

(宋·苏轼《念奴娇·赤壁怀古》)

全词借古抒怀、境界宏阔,体会以"纵"的声音表现作者的横槊气概、英雄本色,以及雄浑苍凉、大气磅礴的词境。

2.收

寻寻觅觅,冷冷清清,凄凄惨惨戚戚。乍暖还寒时候,最难将息。三杯两盏淡酒,怎敌他、晚来风急!雁过也,正伤心,却是旧时相识。

满地黄花堆积,憔悴损,如今有谁堪摘?守着窗儿,独自怎生得黑!梧桐更兼细雨,到黄昏、点点滴滴。这次第,怎一个愁字了得!

(宋·李清照《声声慢》)

全词一字一泪、哀婉凄苦，体会以"收"的声音表现作者孤独寂寞的忧郁情绪和国破家亡的愁苦心境。

（三）厚与薄

厚与薄和胸腔共鸣有关，气息深沉，胸腔共鸣增强，声音偏醇厚，反之则声音偏细薄。总体而言，"厚"的声音音高较低、音量较大，常用以表现深沉、庄重的内容；"薄"的声音音高较高、音量较小，常用以表现轻快、活泼的内容。

1.厚

> 群峰壁立太行头，
> 天险黄河一望收。
> 两岸烽烟红似火，
> 此行可当慰同仇。
>
> （朱德《出太行》）

体会以"厚"的声音表现抗战紧急、内战又起、国人忧虑的深沉心境及必胜的坚定信念。

2.薄

> 江南可采莲，
> 莲叶何田田。
> 鱼戏莲叶间。
> 鱼戏莲叶东，
> 鱼戏莲叶西，
> 鱼戏莲叶南，
> 鱼戏莲叶北。
>
> （汉乐府《江南》）

体会以"薄"的声音表现采莲人内心的欢愉及清新明快的格调、优美隽永的意境。

(四) 明与暗

总体而言，明朗的声音偏高、吐字偏紧、共鸣位置偏前，常用以表现严肃、激昂、赞颂等情绪；暗沉的声音偏低、吐字偏松、共鸣位置偏后，常用以表现深沉、伤感、悲痛等情绪。

1.明

今天是你的生日，我的中国。在这个不同寻常的节日，相信每一位中华儿女都会从心底里说一句：我爱你，中国！

七十年风雨兼程，天安门广场上的红飘带寓意着红色基因连接历史、现实与未来。

今天的天安门广场是世界瞩目的中心，今天的中国正前所未有地靠近世界舞台中心。

（庆祝中华人民共和国成立七十周年阅兵解说词）

体会以明朗的实声表达赞颂、自豪之情。

2.暗

我早已想写一点文字，来记念几个青年的作家。这并非为了别的，只因为两年以来，悲愤总时时袭击我的心，至今没有停止，我很想借此算是竦身一摇，将悲哀摆脱，给自己轻松一下，照直说，就是我倒要将他们忘却了。

两年前的此时，即一九三一年的二月七日夜或八日晨，是我们的五个青年作家同时遇害的时候。当时上海的报章都不敢载这件事，或者也许是不愿，或不屑载这件事，只在《文艺新闻》上有一点隐约其辞的文章。

（鲁迅《为了忘却的记念》）

体会以暗沉的声音表达悲愤、批判之情。

第四章　情声气结合

第一节　情声气的要求

一、情声气的定义

前文已述，情、声、气的完美结合是获得声音弹性的有效途径。把握情、声、气的要求及结合路径，实现情声和谐，对于播音员主持人声音弹性的获得与加强具有重要的前提性、基础性价值。

（一）情

播音员主持人由具体内容生发、以有声语言表达并始终处于运动状态的思想感情。"具体内容"涉及播讲目的、节目内容、稿件内容、对象要求等相关各方面。情是播音员主持人有声语言创作的主要依托。

（二）声

播音员主持人经过科学训练、符合规范标准、呈现艺术美感并满载有效信息、表达思想感情的有声语言。有声语言是播音员主持人创作的主要手段。

（三）气

播音员主持人使用胸腹联合式呼吸法获得的、能够控制自如的发声动力。气息是播音员主持人有声语言创作的动力基础。

二、情声气的要求

（一）情

播音员主持人的"情"应是热忱真切的，要以真实的身份、真诚的态度、真挚的感情、真切的语气面对受众。同时，播音员主持人应具备丰富的、能够随时调动起来的思想感情。感情的获得来自体验，一方面是播音员主持人自己所经历的一手经验，另一方面是通过书籍、媒介、人际交往等所获得的二手经验。无论是哪一种形式，都要求播音员主持人更多地、更用心地、更有意识地将自己投入广阔的社会生活中去，不断开阔眼界、丰富底蕴、增强修养，不断提高文化修养、艺术涵养、政治素养，为有声语言创作提供坚实的情感依托。

（二）声

播音员主持人的"声"应以暖声为主，即有感情、有愿望、有追求、有规格地说方为"暖声"。用声以中部通道、口腔共鸣、中纵线用力等为主，声音柔和、明朗。同时，播音员主持人的有声语言应当能够精准传达信息，精准表达不同内容所蕴含的不同色彩、不同层次、不同分量的思想感情。有声语言理应成为播音员主持人的专业"名片"。

（三）气

播音员主持人的"气"应通畅自若、坚实灵动，做到快吸慢呼、以呼为主、以吸为辅、口鼻呼吸。同时，播音员主持人的气息应当经过科学训练，能够控制自如，具有一定的力度与密度以及长久的支撑力，能够符合播音员主持人对于不同节目、不同内容等的气息使用要求。呼吸是播音主持创作一道重要的"门槛"，应当循序渐进、科学训练，为发声提供完美的动力支持。

第二节 情声气的关系

一、情声气的关系

情是内涵，是依托；声是形式，是载体；气是基础，是动力。情应取其高，声应取其中，气应取其深。总体而言，情是主导，在其运动支配下协同语音发声各个器官科学运转，使得气随情动、声随情走，以情带声、以声传情，方能言之有物、言之有情。

二、情声气的结合

感情被具体内容所激起始终处于积极运动的状态，感情的运动带动气息的运动，气息的运动则来自从有意识的强控制到无意识的弱控制；声音以感情为依托，以气息为动力，客观认知、科学训练、抓住特点、确立形象，是在情声气结合过程中重要的内容；感情被激起后还应被思想所提高，高尚格调和独特风格理应成为播音员主持人的自觉追求。

情声和谐，感性、理性之外悟性最重要，"悟"来源于坚持不懈的训练、专心致志的投入、日积月累的揣摩，口诵心惟、研精覃思、终能有得。播音员主持人强化语言功力，提升审美能力，亦是实现情声和谐的重要路径，观察力、理解力、思辨力、感受力、表现力、鉴赏力、调检力、回馈力、审美力等均需播音员主持人不断磨炼，直至精准纯熟。另外，应当明确，播音主持有声语言创作应追求整体的完美和谐，宁可情足声欠，不要声足情欠，但最终目标理应是实现情声气完美融合、主客观高度统一的创作境界。

第三节 情声气的训练

情声气的训练相较于声音弹性的分类对比训练，更具综合性与整体性。由于尚未进入语言表达的技巧阶段，在训练时应将重点放在理解稿件内容、积极调动感情、有意识控制气息运动、自然科学发声、精准吐字归音等方面，并在训练中逐渐将几步并作一步走，实现情声气自然完美地结合。

【训练路径】

按照难易程度大致将训练分为三个阶段。阶段一，读现当代诗歌，名篇佳作熟悉程度高、思想感情较为清晰，相对好把握；阶段二，读古诗词，字少言简但感情深繁较难把控，固定字数与格式对气息与表达均有挑战；阶段三，读新闻稿件，对于态度、立场、目的、主题、背景、重点等的把握需要长期训练，新闻的用气、发声、语气、节奏等更是播音主持有声语言表达中的最难点，需要多听、多看、多说、多感受。

阶段一：
小时候，
乡愁是一枚小小的邮票，
我在这头，
母亲在那头。

长大后，
乡愁是一张窄窄的船票，
我在这头，
新娘在那头。

后来啊，
乡愁是一方矮矮的坟墓，
我在外头，
母亲在里头。

而现在，
乡愁是一湾浅浅的海峡，

我在这头，

大陆在那头。

（余光中《乡愁》）

全诗语言简约浅白但情深意挚，体会诗人不同人生阶段对乡愁的感悟、对祖国的思念以及诗所传达出的深沉的历史感。

阶段二：

春花秋月何时了，往事知多少。小楼昨夜又东风，故国不堪回首月明中！　雕栏玉砌应犹在，只是朱颜改。问君能有几多愁，恰似一江春水向东流。

（南唐·李煜《虞美人》）

全词语言明净优美，结构曲折回旋，是词人生命的哀歌，体会作者亡国亡家的悲愁以及对人生无常与自然永恒的生命哲学之思。

阶段三：

2020年新年戏曲晚会2019年12月31日晚在国家大剧院举行。党和国家领导人习近平、李克强、栗战书、汪洋、王沪宁、赵乐际、韩正、王岐山等，同首都近千名群众欢聚一堂，一起观看演出，迎接新年的到来。

夜幕降临，华灯璀璨。国家大剧院戏剧场内笑语盈盈、欢声阵阵，洋溢着如春的暖意和喜庆的节日气氛。19时45分，习近平等党和国家领导人来到晚会现场，同前来观看演出的老艺术家们亲切握手、互致问候，全场响起热烈掌声。

高歌奋进新时代，梨园绽放盛世花。激越雄壮的《响鼓2020》拉开了晚会序幕。婺剧《信仰的味道》、壮剧《黄文秀》、京剧《智取威虎山》等剧目片段展现中国共产党人"不忘初心、牢记使命"的崇高信仰和对祖国母亲的赤子之心；贵州花灯戏《夫妻观灯》、丹剧《槐荫记》、闽剧《双蝶扇》、川剧《别洞观景》等经典名段创新呈现，绽放历久弥新的艺术魅力；豫剧《苏武》、绍剧《佘太君》、晋剧《于成龙》等精彩唱段致敬古代先贤，弘扬爱国精神，伸张民族大义，熔铸传统美德，浸润浓浓的家国情怀；吉剧《时迁取帖》、少儿戏曲《八大锤》等节目，以民族传统艺术样式营造其乐融融的轻松气息；昆曲《夜奔》、徽剧《关羽观阵》等选段和武戏集萃等节目彰显了中国戏曲艺术的底蕴和风采。新编戏曲歌舞《中国，一定行！》将晚会气氛推向最高潮，"中国人民一定能！""中国一定行！"唱出时代强音。艺术家们的精湛技艺赢得全场阵阵喝彩和热烈掌声。

今年的新年戏曲晚会13个剧种同台献艺，绍剧、贵州花灯戏、丹剧3个剧种首次亮相这一舞台，通过原创佳作和老、中、青、少四代演员的精彩表演，展现新时代戏曲艺术百花齐放的繁荣景象，唱响新时代爱国奋斗之歌。

在京中共中央政治局委员、中央书记处书记，全国人大常委会部分领导同志、国务委员、全国政协部分领导同志，有关部门负责同志观看演出。

（2020.1.1《新闻联播》）

这则新闻情感把握与基调选择难度不大；新闻中人名的播报以及内容的专业性是重点与难点，需精细备稿、反复练习；新闻内容较多，可分段练习后进行全篇完整练习，注意用情、用气、用声的有机结合，以及新闻完整性、信息传达力的有效、到位。

第四部分

普通话水平测试与播音员主持人资格考试口试

第一章　普通话水平测试

第一节　普通话水平测试概述

普通话水平测试提出于20世纪80年代，经历了酝酿讨论、研制大纲、开展测试等阶段，于1994年10月起在教育系统和广播电影电视系统率先开展测试工作。普通话水平测试是对象广泛、标准明确、口试形式、主观评价、具有法律依托的国家级考试。测试的基本目的是评定应试者的普通话规范标准程度、使用熟练程度并认定其普通话水平等级，根本目的是推广普通话，并实现推普工作的科学化、规范化、制度化。推广普通话以21世纪中叶以前普通话在全国范围内普及为目标，实现这一目标的路径是以大中城市为中心，以学校为基础，以党政机关为龙头，以新闻媒体为榜样，以公共服务行业为窗口，带动全社会做好语言文字规范化工作。

2000年10月31日，第九届全国人民代表大会常务委员会第十八次会议通过《中华人民共和国国家通用语言文字法》，并于2001年1月1日起正式施行。这是我国第一部语言文字方面的专项法律，第一次以法律的形式明确了普通话和规范汉字作为国家通用语言文字的地位，并明确国家推广普通话以及普通话水平测试的相关内容。

对于播音员主持人而言，自2005年开始，则需持"双证"方能获得从业资格，即《普通话水平测试等级证书》与《广播电视播音员主持人资格考试合格证》。国家级和省级电台电视台的播音员主持人，普通话水平必须达到一级甲等，市县级电台电视台的播音员主持人则需要达到一级乙等。

第二节　普通话水平测试指要

一、测试内容

1. 读单音节字词

应试者读100个不含轻声、儿化的单音节，共10分。

［备考指要］

①限时3.5分钟，语速适中，不可过慢，超时扣分。

②声韵调标准、清晰，尤其是上声应到位。

③尽量不要回读，此项各地测试时标准不一，有的不允许回读，如若回读则测试失效；有的允许回读一次，以第二次读音为准。测试前应了解具体标准。

④一般没有生僻字，应冷静定神，切勿因紧张而认错常用字。

2. 读多音节词语

应试者读约100个音节，主要为双音节词语，涉及轻声、儿化以及少量多音节词语，共20分。

［备考指要］

①限时2.5分钟，语速适中，不可过慢，超时扣分。

②声韵调标准、清晰，语流音变自然、正确，切勿按照单音节读法读多音节词语，将完整的词语读成字与字的组合。

③儿化有文字指示，轻声没有标志，除了平时多练习培养语感，测试时可宁缺毋滥。

④尽量不要回读，此项各地测试时标准不一，有的不允许回读，如若回读则测试失效；有的允许回读一次，以第二次读音为准。测试前应了解具体标准。

3. 朗读短文

应试者读400个音节的1篇短文，共30分。

[备考指要]

①限时4分钟，语速适中，不可过慢，超时扣分。

②声韵调标准、清晰，语流音变自然、正确，语调准确，停连得当，切勿按照单音节读法读文章，将完整的内容读成字与字的组合。

③避免回读，有误可继续进行，只要回读一次便无法进入一级甲等。

④避免增读、漏读。

⑤注意400个音节处的标志，如在句中可将此句读完。

⑥朗读时以准确为要，不必带有太多感情，注意力应重点放在语音标准上。

4.命题说话

应试者从给定的两个话题中选定1个话题，连续说一段话，共40分。

[备考指要]

①限时3分钟，必须说满，不可停顿时间过长，否则扣分。

②声韵调标准、清晰，语流音变自然、正确，语调准确，停连得当，词汇、语法规范，整体语流自然、流畅。

③避免重复已说内容，避免"呃""这个""然后"等口语习惯词，避免口头禅。

④少用书面语、公文用语、专业术语等，多用口语自然交流。

⑤注意审题，不要跑题；结构完整，详略得当；思路清晰，合乎逻辑。

二、测试要求

1.声音状态

发声状态积极、饱满、大气；声音运用松弛、自如、通畅；声音干净、明朗、圆润、大方。

[备考指要]

①科学发声，始终保持积极的发声状态。

②音量适中，不可陷入自我交流的喃喃细语，不可陷入旁若无人的高声

喧哗。

2.语音面貌

语音标准，声、韵、调准确无误；语音连贯、流畅；吐字清晰、准确；语调自然。

［备考指要］

①语速适中，始终保持积极的吐字状态，有意识加强控制，保证张口即正确。

②语流顺畅，避免重复回说。

3.形象气质

形象端正、大方，服饰、妆容、仪态、仪表符合广播电视职业规范。

［备考指要］

①服饰得体，不可过分随意，不可过分夸张。

②女性妆容自然，男性可不化妆。

③体态语得体，手势不可过多，说话时可适当与测试员进行眼神交流，若紧张可固定看某处，切勿手足无措、东张西望。

第三节 普通话水平测试样卷

一、读单音节字词（100个音节，共10分，限时3.5分钟）

蹦	耍	德	扰	直	返	凝	秋	淡	丝
炯	粗	袄	瓮	癣	儿	履	告	筒	猫
囊	驯	辱	碟	栓	来	顶	墩	忙	哀
雯	果	憋	捺	装	群	精	唇	亮	馆
符	肉	梯	船	溺	北	剖	民	邀	旷
暖	快	酒	除	缺	杂	搜	税	脾	锋
日	贼	孔	哲	许	尘	谓	忍	填	颇
残	涧	穷	歪	雅	捉	凑	怎	虾	冷

躬　莫　虽　绢　挖　伙　聘　英　条　笨
敛　墙　岳　黑　巨　访　自　毁　郑　浑

二、读多音节词语（100个音节，共20分，限时2.5分钟）

损坏	昆虫	兴奋	恶劣	挂帅	针鼻儿	排斥
采取	利索	荒谬	少女	电磁波	愿望	恰当
若干	加塞儿	浪费	苦衷	降低	夜晚	小熊儿
存留	上午	按钮	佛教	新娘	逗乐儿	全面
包括	不用	培养	编纂	扎实	推测	吵嘴
均匀	收成	然而	满口	怪异	听话	大学生
发作	侵略	钢铁	孩子	光荣	前仆后继	

三、朗读短文（400个音节，共30分，限时4分钟）

作品1号

　　那是力争上游的一种树，笔直的干，笔直的枝。它的干呢，通常是丈把高，像是加以人工似的，一丈以内，绝无旁枝；它所有的桠枝呢，一律向上，而且紧紧靠拢，也像是加以人工似的。成为一束，绝无横斜逸出；它的宽大的叶子也是片片向上，几乎没有斜生的，更不用说倒垂了；它的皮，光滑而有银色的晕圈，微微泛出淡青色。这是虽在北方的风雪的压迫下却保持着倔强挺立的一种树！那怕只有碗来粗细罢，它却努力向上发展，高到丈许，二丈，参天耸立，不折不挠，对抗着西北风。

　　这就是白杨树，西北极普通的一种树，然而绝不是平凡的树！

　　它没有婆娑的姿态，没有屈曲盘旋的虬枝，也许你要说它不美丽，——如果美是专指"婆娑"或"横斜逸出"之类而言，那么白杨树算不得树中的好女子；但是他却是伟岸，正直，朴质，严肃，也不缺乏温和，更不用提它的坚强不屈与挺拔，它是树中的伟丈夫！当你在积雪初融的高原上走过，看见平坦的大地上傲然挺立这么一株或一排白杨树，难道你就只觉得树只是树，难道不就不想到它的朴质，严肃，坚强不屈，至少也象征了北方的农民；难道你竟一点也不联想到，在敌后的广大土//地上，到处有坚强不屈，就像这白杨树一样傲然挺立的守卫他们家乡的哨兵！

四、命题说话（请在下列话题中任选一个，共40分，限时3分钟）

　　1.我的学习生活

　　2.难忘的旅行

第二章　播音员主持人资格考试口试

第一节　播音员主持人资格考试口试概述

为贯彻落实《广播电视编辑记者、播音员主持人资格管理暂行规定》（国家广播电视总局令第26号），做好广播电视编辑记者、播音员主持人资格考试工作，2005年8月3日，国家广播电影电视总局向各省、自治区、直辖市广播影视局（厅），新疆生产建设兵团广播电视局印发《广播电视编辑记者、播音员主持人资格考试办法（试行）》，要求各单位遵照执行。即从2005年开始，于全国各级广播电视媒体从业的编辑记者、播音员主持人需持《广播电视编辑记者资格考试合格证》或《广播电视播音员主持人资格考试合格证》上岗。

对于播音员主持人而言，自2005年开始，则需持"双证"方能获得从业资格，即《普通话水平测试等级证书》与《广播电视播音员主持人资格考试合格证》。值得注意的是，与编辑记者相比，播音员主持人的业务考查多了口试科目，即"广播电视播音主持业务"分为笔试与口试两科分别考查。除笔试总分达到合格标准之外，在国家广电总局2006年5月29日颁布试行的《广播电视编辑记者、播音员主持人执业资格注册办法（试行）》中明确规定：以普通话为基本用语，在省级（含）以上播出机构从事播音主持工作的，《广播电视播音主持业务》口试成绩需达到A级等次；在其他制作、播出机构从事播音主持工作的，《广播电视播音主持业务》口试成绩需达到B级等次。C级为不合格。笔试与口试同时合格方能取得《广播电视播音员主持人资格考试合格证》。

广播电视编辑记者、播音员主持人资格考试每年一次，因考试覆盖播音与主持艺术专业理论与实践的全部内容，高校应届毕业生方可考，即大四时才有报名考试资格。因此，对于考试仅作为重点内容指要。应当引起重视，从语音发声开始便为后续学习、日后从业打下坚实的基础。

第二节　播音员主持人资格考试口试指要

一、口试内容

1.新闻播报

应试者面对镜头播报一条自己抽取的新闻稿。

［备考指要］

①时长2分钟，若有工作人员提示时间已满停止即可，若无提示读完即可。

②语速适中，读完稿件基本可以达到时长要求。不可语速过快导致吞音吃字、表达不清，不可语速过慢导致语义断裂、脱离新闻。

③适当抬头，与镜头/受众进行交流。

④应以播报式"播"新闻，而非谈话式"说"新闻。

⑤新闻播报/话题主持多为一年内的焦点、热点、重点内容，平时应注重多看、多听、多思考、多积累。

2.话题主持

应试者从不同栏目类型的话题中选择一题，面对镜头主持。

［备考指要］

①时长3分钟，若有工作人员提示时间已满停止即可，若无提示可适当询问。

②语速适中，不可长时间停滞，不可不足3分钟。

③开门见山，避免东拉西扯凑时间。

④全程抬头，与镜头/受众进行积极交流。

⑤选择更熟悉、有把握的栏目类型；选择更稳妥、有话说的观点内容。

⑥主持一档完整节目,而非简单话题评论。

二、口试标准(以A级为例)

1.声音状态

播报和主持节目时,发声状态积极、饱满、大气;声音运用松弛、自如、通畅;声音干净、明朗,圆润、大方。

[备考指要]

①科学发声,始终保持积极的发声状态。

②音量适中,不可陷入自我交流的喃喃细语,不可陷入旁若无人的高声喧哗。

2.语音面貌

播报和主持节目时,语音标准,声、韵、调准确无误;语音连贯、流畅;吐字清晰、准确;语调自然。

[备考指要]

①语速适中,始终保持积极的吐字状态,有意识强控制保证张口即正确。

②语流顺畅,避免重复回说。

3.形象气质

形象端正、大方,服饰、妆容、仪态、仪表符合广播电视职业规范。

[备考指要]

①服饰得体,男性建议西装或衬衫,女性建议职业装或衬衫。不可过分随意,不可过分夸张。

②有条件可略施上镜妆,无条件女性可淡妆、男性可不化妆。女性不可浓妆艳抹,男性不可妆容夸张。

③体态语得体,手势不可过多,眼神不可飘忽。

4.语言表达

新闻播报:理解准确,感受具体,感情真挚,基调恰切;语言目的明确,停连重音准确，语句流畅，语气生动，分寸得当；语言表达时状态积极，与受众有真切交流，仪态自然大方；能准确鲜明地体现所播节目的基本形态和特征。

话题主持：导向正确，态度鲜明；内容充实，言之有物；能实现节目的播出目的。

思路清晰，逻辑感强；语言表述准确规范，符合广播电视语体特征和语境；语言表达顺畅，对象感、交流感强；语言运用生动、形象；现场反应积极、敏捷，表现富有个性，能体现栏目特色。

[备考指要]

①使用广播电视语体，避免随意大白话。

②应有媒体导向意识，不可为博眼球、求个性故作惊人之语。

第三节　播音员主持人资格考试口试样卷

一、新闻播报（时间2分钟）

习近平总书记指出，中国要强盛、要复兴，就一定要大力发展科学技术，努力成为世界主要科学中心和创新高地。党的十八大以来，在以习近平同志为核心的党中央坚强领导下，我国科技创新空间布局持续优化，创新高地加速崛起，创新成果竞相涌现，不断推动我国高质量发展。

近日，位于中关村软件园的北京量子信息科学研究院和清华大学合作，实现了百公里量子直接通信，这也是当前世界最长的量子直接通信距离。短短几年间，聚焦量子科技、脑科学、人工智能等前沿领域，多家新型研发机构在北京中关村落地，取得了一批重大成果。

2013年，中央政治局集体学习首次走出中南海，就把"课堂"搬到了中关村。习近平总书记对"中关村要加快向具有全球影响力的科技创新中心进军"的殷切期望，为中关村的创新发展指明了方向。

党的十八大以来，以习近平同志为核心的党中央把科技创新摆在国家发展全局的核心位置，确立了2020年进入创新型国家行列、2030年跻身创新型国家前列、2050年建成世界科技创新强国的"三步走"战略目标，完成了创新驱动发展战略的顶层设计和系统谋划，制定了一系列政策举措。

十年来，我国科技创新空间布局持续优化，北京、上海、粤港澳三大国际科技创新中心从无到有，跻身全球科技创新集群前10位。怀柔、张江、合肥、大湾区四个综合性国家科学中心建设提速，成为驱动高质量发展的创新引擎。

在江苏，生物医药、第三代半导体等国家技术创新中心相继落户，29个重大科技创新平台呈现体系化和特色化态势。

在安徽，大科学装置建设进入快车道，目前建成、在建、预研11个大科学装置，数量位居全国前列并形成集群发展态势。

建设创新高地是建设世界科技强国和现代化强国的必然要求。党的十八大以来，我国的创新高地形成体系化布局，形成了以国际科创中心、综合性国家科学中心为引领，以国家自主创新示范区、高新区为辐射带动，以区域创新平台为基础支撑的创新格局。

二、话题主持（二选一，时间3分钟）

教育部、全国工商联联合启动"民企高校携手促就业行动"。活动期间，由各地工商联建立高校毕业生就业岗位归集机制，广泛收集汇总各民营企业的高校毕业生就业岗位需求计划，及时向全联人才在线、国家24365大学生就业服务平台提供相关数据信息。此外，民营企业还将组团进高校宣讲，举办分行业分区域的大型线下双选会、招聘会、对接会。

美国彭博社日前刊文指出，中国在7年内的空气污染减排程度几乎与美国在30年内减少的一样多，且在此过程中帮助降低了全球平均雾霾水平。报道指出，根据芝加哥大学能源政策研究所的数据，2013年至2020年，中国空气中有害悬浮颗粒物浓度下降了40%，如果持续这一趋势，中国人的平均预期寿命将增加约两年。

第五部分

练声手册

练声问题辨正

（一）练声目的

使用科学方法，开发器官潜能，规范语音，科学发声，改正不良习惯，适应专业要求。

（二）练声原则

1. 有的放矢

根据自身条件合理制订计划，针对存在问题科学选择方法。

2. 循序渐进

彻底放弃已有经验，从头开始基本训练，由慢至快、由易至难，夯实基础、稳步向好。

3. 持之以恒

避免"三天打鱼两天晒网"，坚持"冬练三九夏练三伏"，短期练习无法立竿见影，长期积累方能产生质变。

（三）练声状态

思路清晰，积极从容，控纵有节，收放自如。

（四）练声时间

早起恢复器官功能，打开声音通路，提供一天用声保障；早间环境静、干扰少，利于坚持。

（五）练声时长

20分钟左右，根据练声阶段、问题数量、实际效果而灵活调整时间；适度疲劳有利提高，时间太短没有效果，时间过长易有损伤。

（六）练声地点

噪音小、干扰少、无回声、相对固定；环境声学特性相对稳定，有利于听辨声音细微变化。

练声方案示例

【自选模块一】口部操

弹唇：10秒

撮唇：5次

噘唇：左右为1组，共5组

绕唇：左右为1组，共5组

弹舌：10次

顶舌：左右为1组，共5组

绕舌：左右为1组，共5组

立舌：左右为1组，共5组

［训练目的］放松唇舌。

［训练提示］初练时可以此练习放松唇舌，熟练后可于练声前随时练习或直接跳过。

【必选模块一】开嗓

气泡音：开口10秒、闭口10秒

［训练目的］放松喉部。

［训练提示］适度即可，过犹不及反而加重喉部负担。

螺旋音："啊"音上绕下绕为一组，共3组

［训练目的］扩展音域。

［训练提示］由最低到最高，每天扩展一点，避免超过极限。

膈肌弹发:"嘿""哈"为一组,共5组

[训练目的]以气托声。

[训练提示]体会气沉丹田、小腹枢纽的作用。

【自选模块二】声韵调

对比练习1(1遍)

编排—牌匾　补写—谱写　黑白—黑牌

等同—筒灯　抵制—体制　河道—河套

顾客—刻骨　感伤—砍伤　烛光—竹筐

[训练目的]区分声母送气音与不送气音。

对比练习2(1遍)

自制—质子　罪状—装醉　振作—坐镇

磁场—唱词　仓储—出舱　操持—吃草

私塾—殊死　损失—石笋　松鼠—输送

[训练目的]区分声母平舌音与翘舌音。

对比练习3(1遍)

那里—李娜　脑力—利脑　历年—年历

呦呦—牢牢　袅袅—了了　诺诺—荦荦

美女—镁铝　木讷—穆勒　水牛—水流

[训练目的]区分声母鼻音与边音。

对比练习4(1遍)

杂技—鸡杂　自己—集资　作家—佳作

瓷器—砌词　草签—茜草　藏钱—潜藏

四喜—细丝　塞下—夏赛　塑形—刑诉

[训练目的]区分声母舌尖音与舌面音。

对比练习5（1遍）

法会—挥发　返回—烩饭　分化—划分

防护—互访　凤凰—黄蜂　复核—和服

换房—防患　混纺—芳魂　祸福—复活

[训练目的]区分声母f与h。

对比练习6（1遍）

扰攘—老狼　柔然—楼兰　柔弱—喽啰

日子—例子　肉菜—漏财　染色—蓝色

日志—立志　肉串—楼船　染上—滥觞

[训练目的]区分声母r与l。

对比练习7（1遍）

班长—长斑　黯然—盎然　开饭—开放

现象—象限　鲜花—香花　新鲜—馨香

船王—网传　官民—光明　车船—车床

真诚—成真　真理—争理　三根—三更

蚊虫—崇文　轮子—笼子　乡村—香葱

运用—用韵　勋章—胸章　人群—人穷

[训练目的]区分韵母前鼻音与后鼻音。

对比练习8（1遍）

濒临—兵临—并邻—冰凌

贫民—品茗—平民—平明

民勤—民情—鸣禽—明清

殷勤—阴晴—迎亲—迎请

[训练目的]区分韵母in与ing。

对比练习9（1遍）

播音　昆仑　灯塔　高贵

黄河　长江　词典　独立

表演　领空　解围　改造

热烈　外观　掠夺　下雨

编织—编制—贬值—便知—变直—变质

污秽—无回—无悔—舞会—勿回—误会

居安思危　名存实亡　岂有此理　见利忘义

风调雨顺　山明水秀　千锤百炼　花红柳绿

心领神会　南征北战　耳聪目明　抱残守缺

［训练目的］区分声调。

【必选模块二】绕口令

练习1（3遍）

八百标兵奔北坡，

炮兵并排北边跑，

炮兵怕把标兵碰，

标兵怕碰炮兵炮。

［训练目的］唇部力度。

［训练提示］声韵调标准，每天加速一点，前序练习每天带练，整体由慢至快，第二天开始每天由慢至快。

练习2（3遍）

调到敌岛打特盗，

特盗太刁投短刀，

挡推顶打短刀掉，

踏盗得刀盗打倒。

［训练目的］舌部力度。

[训练提示]声韵调标准,每天加速一点,前序练习每天带练,整体由慢至快,第二天开始每天由慢至快。

练习3(3遍)

哥挎瓜筐过宽沟,

过沟筐漏瓜滚沟,

隔沟挎筐瓜筐扣,

瓜滚筐空哥怪沟。

[训练目的]口腔开度。

[训练提示]声韵调标准,每天加速一点,前序练习每天带练,整体由慢至快,第二天开始每天由慢至快。

【必选模块三】古诗词

四言/五言/七言(3遍)

青青子衿,悠悠我心。但为君故,沉吟至今。

(汉·曹操《短歌行》)

床前明月光,疑是地上霜。举头望明月,低头思故乡。

(唐·李白《静夜思》)

葡萄美酒夜光杯,欲饮琵琶马上催。醉卧沙场君莫笑,古来征战几人回。

(唐·王翰《凉州词二首·其一》)

[训练目的]气息长度。

[训练提示]声韵调标准,语速适中,四字一呼吸,练习几天熟练后五字一呼吸,至七字一呼吸、八字一呼吸、十四字一呼吸、十六字一呼吸、二十字一呼吸、二十八字一呼吸,前序练习需要带练,换字数后每次由短至长;整体气息逐渐加长、加宽、加深。

【必选模块四】诗文

新月弯弯，
像一条小船。
我乘船归去，
越过万水千山。
花香。夜暖。
故乡正是春天。
你睡着了么？
我在你梦中靠岸。

（沙鸥《新月》）

火光又明又亮，好像就在眼前……

"好啦，谢天谢地！"我高兴地说，"马上就到过夜的地方啦！"

船夫扭头朝向后的火光望了一眼，又不以为然地划起桨来。

"远着呢！"

我不相信他的话，因为火光冲破朦胧的夜色，明明就在那儿闪烁。不过船夫是对的：事实上，火光的确还远着呢。

这些黑夜的火光的特点是：驱散黑暗，闪闪发亮，近在眼前，令人神往。乍一看，再划几下就到了……其实却还远着呢！

我们在漆黑如墨的河上又划了很久。一个个峡谷和悬崖，迎面驶来，又向后移去，仿佛消失在茫茫的远方，而火光却依然停在前头，闪闪发亮，令人神往——依然是这么近，又依然是这么远……

现在，无论是这条被悬崖峭壁的阴影笼罩的漆黑的河流，还是那一星明亮的火光，都经常浮现在我的脑际。在这以前和在这以后，曾有许多火光，似乎近在咫尺，不止使我一人心驰神往。可是生活之河却仍然在那阴森森的两岸之间流着，而火光也依旧非常遥远。因此，必须加劲划桨……

然而，火光啊……毕竟……毕竟就在前头！

（柯罗连科《火光》）

今天，为载人空间站工程新研制的长征五号B遥一运载火箭安全运抵文昌航天发射场，后续将与先期运抵的空间站核心舱初样产品一同参加发射场合练，于4月中下旬执行首飞任务。

为保障疫情防控期间长江中下游供水、发电用水和春运期间航运用水需求，长江水利委员会调度三峡水库持续加大补水力度，2月上旬出库流量继续维持在7000立方米每秒左右。

今天，我国中东部大部地区出现明显的雨雪和降温过程。受降雪影响，北京的最高气温降到零度以下。天津市气象台发布了道路结冰黄色预警。河北、山东半岛等地也降下小雪。南方大部地区有降雨，其中江西中部、南部雨势较强。

4日，联合国秘书长利比亚问题特别代表加桑·萨拉姆确认，利比亚冲突双方代表从3日开始进行间接对话，双方都有意达成永久停火，有计划在日内瓦进行第一次直接对话。加桑·萨拉姆指责外部势力干涉利比亚局势，违反联合国对利比亚的武器禁运，他强调利比亚问题的解决应由利比亚人自己主导。

在伊朗访问的欧盟外交与安全政策高级代表博雷利日前表示，欧盟方面已经同意不为解决伊核协议的相关争端设置最后期限，避免将该问题提交至联合国安理会。博雷利强调，欧盟希望挽救伊核协议。法德英三国1月14日曾发表联合声明宣布触发伊核协议争端解决机制，遭到伊朗方面强烈反对。

（2020.2.5《新闻联播》）

［训练目的］声音弹性。

［训练提示］以现当代诗歌、节选短文、简短新闻等为主，练习选取小段即可，声韵调标准，情声气结合。

【自选模块三】练声日记

记录练声心得体会，每天对照查漏补缺。

【必选模块五】语言习惯

练声时用"暖声"，即声音与语义、感情相结合，避免见字出声用

"冷声"。

练声时得"放声",声音有内容、有感情的同时,保证音高、音强、音长、音质等每个语音要素都是恰切的,保证声、韵、调甚至音位等每个零件都是优等品。

生活中须"收声",爱声护嗓、音量适中,有意识强控制,开口前先动脑,说出来必准确,准确不在声高,循序渐进克服语音发声问题,日积月累形成良好语言习惯。

附 录

中华人民共和国国家通用语言文字法

目 录

第一章　总则
第二章　国家通用语言文字的使用
第三章　管理和监督
第四章　附则

第一章　总则

第一条　为推动国家通用语言文字的规范化、标准化及其健康发展，使国家通用语言文字在社会生活中更好地发挥作用，促进各民族、各地区经济文化交流，根据宪法，制定本法。

第二条　本法所称的国家通用语言文字是普通话和规范汉字。

第三条　国家推广普通话，推行规范汉字。

第四条　公民有学习和使用国家通用语言文字的权利。

国家为公民学习和使用国家通用语言文字提供条件。

地方各级人民政府及其有关部门应当采取措施，推广普通话和推行规范汉字。

第五条　国家通用语言文字的使用应当有利于维护国家主权和民族尊严，

有利于国家统一和民族团结，有利于社会主义物质文明建设和精神文明建设。

第六条 国家颁布国家通用语言文字的规范和标准，管理国家通用语言文字的社会应用，支持国家通用语言文字的教学和科学研究，促进国家通用语言文字的规范、丰富和发展。

第七条 国家奖励为国家通用语言文字事业做出突出贡献的组织和个人。

第八条 各民族都有使用和发展自己的语言文字的自由。

少数民族语言文字的使用依据宪法、民族区域自治法及其他法律的有关规定。

第二章 国家通用语言文字的使用

第九条 国家机关以普通话和规范汉字为公务用语用字。法律另有规定的除外。

第十条 学校及其他教育机构以普通话和规范汉字为基本的教育教学用语用字。法律另有规定的除外。

学校及其他教育机构通过汉语文课程教授普通话和规范汉字。使用的汉语文教材，应当符合国家通用语言文字的规范和标准。

第十一条 汉语文出版物应当符合国家通用语言文字的规范和标准。

汉语文出版物中需要使用外国语言文字的，应当用国家通用语言文字作必要的注释。

第十二条 广播电台、电视台以普通话为基本的播音用语。

需要使用外国语言为播音用语的，须经国务院广播电视部门批准。

第十三条 公共服务行业以规范汉字为基本的服务用字。因公共服务需要，招牌、广告、告示、标志牌等使用外国文字并同时使用中文的，应当使用规范汉字。

提倡公共服务行业以普通话为服务用语。

第十四条 下列情形，应当以国家通用语言文字为基本的用语用字：

（一）广播、电影、电视用语用字；

（二）公共场所的设施用字；

（三）招牌、广告用字；

（四）企业事业组织名称；

（五）在境内销售的商品的包装、说明。

第十五条 信息处理和信息技术产品中使用的国家通用语言文字应当符合国家的规范和标准。

第十六条 本章有关规定中，有下列情形的，可以使用方言：

（一）国家机关的工作人员执行公务时确需使用的；

（二）经国务院广播电视部门或省级广播电视部门批准的播音用语；

（三）戏曲、影视等艺术形式中需要使用的；

（四）出版、教学、研究中确需使用的。

第十七条 本章有关规定中，有下列情形的，可以保留或使用繁体字、异体字：

（一）文物古迹；

（二）姓氏中的异体字；

（三）书法、篆刻等艺术作品；

（四）题词和招牌的手书字；

（五）出版、教学、研究中需要使用的；

（六）经国务院有关部门批准的特殊情况。

第十八条 国家通用语言文字以《汉语拼音方案》作为拼写和注音工具。

《汉语拼音方案》是中国人名、地名和中文文献罗马字母拼写法的统一规范，并用于汉字不便或不能使用的领域。

初等教育应当进行汉语拼音教学。

第十九条 凡以普通话作为工作语言的岗位，其工作人员应当具备说普通话的能力。

以普通话作为工作语言的播音员、节目主持人和影视话剧演员、教师、国家机关工作人员的普通话水平，应当分别达到国家规定的等级标准；对尚未达到国家规定的普通话等级标准的，分别情况进行培训。

第二十条 对外汉语教学应当教授普通话和规范汉字。

第三章　管理和监督

第二十一条　国家通用语言文字工作由国务院语言文字工作部门负责规划指导、管理监督。

国务院有关部门管理本系统的国家通用语言文字的使用。

第二十二条　地方语言文字工作部门和其他有关部门，管理和监督本行政区域内的国家通用语言文字的使用。

第二十三条　县级以上各级人民政府工商行政管理部门依法对企业名称、商品名称以及广告的用语用字进行管理和监督。

第二十四条　国务院语言文字工作部门颁布普通话水平测试等级标准。

第二十五条　外国人名、地名等专有名词和科学技术术语译成国家通用语言文字，由国务院语言文字工作部门或者其他有关部门组织审定。

第二十六条　违反本法第二章有关规定，不按照国家通用语言文字的规范和标准使用语言文字的，公民可以提出批评和建议。

本法第十九条第二款规定的人员用语违反本法第二章有关规定的，有关单位应当对直接责任人员进行批评教育；拒不改正的，由有关单位作出处理。

城市公共场所的设施和招牌、广告用字违反本法第二章有关规定的，由有关行政管理部门责令改正；拒不改正的，予以警告，并督促其限期改正。

第二十七条　违反本法规定，干涉他人学习和使用国家通用语言文字的，由有关行政管理部门责令限期改正，并予以警告。

第四章　附则

第二十八条　本法自2001年1月1日起施行。

普通话水平测试等级标准（试行）

一 级

甲等 朗读和自由交谈时，语音标准，词汇、语法正确无误，语调自然，表达流畅。测试总失分率在3%以内。

乙等 朗读和自由交谈时，语音标准，词汇、语法正确无误，语调自然，表达流畅。偶然有字音、字调失误。测试总失分率在8%以内。

二 级

甲等 朗读和自由交谈时，声韵调发音基本标准，语调自然，表达流畅。少数难点音（平翘舌音、前后鼻尾音、边鼻音等）有时出现失误。词汇、语法极少有误。测试总失分率在13%以内。

乙等 朗读和自由交谈时，个别调值不准，声韵母发音有不到位现象。难点音（平翘舌音、前后鼻尾音、边鼻音、fu、hu、z-zh-j、送气不送气、i-o不分、保留浊塞音和浊塞擦音、丢介音、复韵母单音化等）失误较多。方言语调不明显。有使用方言词、方言语法的情况。测试总失分率在20%以内。

三 级

甲等 朗读和自由交谈时，声韵母发音失误较多，难点音超出常见范围，声调调值多不准。方言语调较明显。词汇、语法有失误。测试总失分率在30%以内。

乙等 朗读和自由交谈时，声韵母发音失误多，方言特征突出。方言语调明显。词汇、语法失误较多。外地人听其谈话有听不懂情况。测试总失分率在40%以内。

普通话水平测试管理规定

第一条 为规范普通话水平测试管理，促进国家通用语言文字的推广普及和应用，根据《中华人民共和国国家通用语言文字法》，制定本规定。

第二条 普通话水平测试（以下简称测试）是考查应试人运用国家通用语言的规范、熟练程度的专业测评。

第三条 国务院语言文字工作部门主管全国的测试工作，制定测试政策和规划，发布测试等级标准和测试大纲，制定测试规程，实施证书管理。

省、自治区、直辖市人民政府语言文字工作部门主管本行政区域内的测试工作。

第四条 国务院语言文字工作部门设立或者指定国家测试机构，负责全国测试工作的组织实施、质量监管和测试工作队伍建设，开展科学研究、信息化建设等，对地方测试机构进行业务指导、监督、检查。

第五条 省级语言文字工作部门可根据需要设立或者指定省级及以下测试机构。省级测试机构在省级语言文字工作部门领导下，负责本行政区域内测试工作的组织实施、质量监管，设置测试站点，开展科学研究和测试工作队伍建设，对省级以下测试机构和测试站点进行管理、监督、检查。

第六条 各级测试机构和测试站点依据测试规程组织开展测试工作，根据需要合理配备测试员和考务人员。

测试员和考务人员应当遵守测试工作纪律，按照测试机构和测试站点的组织和安排完成测试任务，保证测试质量。

第七条 测试机构和测试站点要为测试员和考务人员开展测试提供必要的条件，合理支付其因测试工作产生的通信、交通、食宿、劳务等费用。

第八条　测试机构和测试站点应当健全财务管理制度，按照标准收取测试费用。

第九条　测试员分为省级测试员和国家级测试员，具体条件和产生办法由国家测试机构另行规定。

第十条　以普通话为工作语言的下列人员，在取得相应职业资格或者从事相应岗位工作前，应当根据法律规定或者职业准入条件的要求接受测试：

（一）教师；

（二）广播电台、电视台的播音员、节目主持人；

（三）影视话剧演员；

（四）国家机关工作人员；

（五）行业主管部门规定的其他应该接受测试的人员。

第十一条　师范类专业、播音与主持艺术专业、影视话剧表演专业以及其他与口语表达密切相关专业的学生应当接受测试。

高等学校、职业学校应当为本校师生接受测试提供支持和便利。

第十二条　社会其他人员可自愿申请参加测试。

在境内学习、工作或生活3个月及以上的港澳台人员和外籍人员可自愿申请参加测试。

第十三条　应试人可根据实际需要，就近就便选择测试机构报名参加测试。

视障、听障人员申请参加测试的，省级测试机构应积极组织测试，并为其提供必要的便利。视障、听障人员测试办法由国务院语言文字工作部门另行制定。

第十四条　普通话水平等级分为三级，每级分为甲、乙两等。一级甲等须经国家测试机构认定，一级乙等及以下由省级测试机构认定。

应试人测试成绩达到等级标准，由国家测试机构颁发相应的普通话水平测试等级证书。

普通话水平测试等级证书全国通用。

第十五条　普通话水平测试等级证书分为纸质证书和电子证书，二者具有同等效力。纸质证书由国务院语言文字工作部门统一印制，电子证书执行《国家政务服务平台标准》中关于普通话水平测试等级证书电子证照的行业标准。

纸质证书遗失的，不予补发，可以通过国家政务服务平台查询测试成绩，查询结果与证书具有同等效力。

第十六条 应试人对测试成绩有异议的，可以在测试成绩发布后15个工作日内向原测试机构提出复核申请。

测试机构接到申请后，应当在15个工作日内作出是否受理的决定。如受理，须在受理后15个工作日内作出复核决定。

具体受理条件和复核办法由国家测试机构制定。

第十七条 测试机构徇私舞弊或者疏于管理，造成测试秩序混乱、作弊情况严重的，由主管的语言文字工作部门给予警告、暂停测试资格直至撤销测试机构的处理，并由主管部门依法依规对直接负责的主管人员或者其他直接责任人员给予处分；构成犯罪的，依法追究刑事责任。

第十八条 测试工作人员徇私舞弊、违反测试规定的，可以暂停其参与测试工作或者取消测试工作资格，并通报其所在单位予以处理；构成犯罪的，依法追究刑事责任。

第十九条 应试人在测试期间作弊或者实施其他严重违反考场纪律行为的，组织测试的测试机构或者测试站点应当取消其考试资格或者考试成绩，并报送国家测试机构记入全国普通话水平测试违纪人员档案。测试机构认为有必要的，还可以通报应试人就读学校或者所在单位。

第二十条 本规定自2022年1月1日起施行。2003年5月21日发布的《普通话水平测试管理规定》（教育部令第16号）同时废止。

普通话水平测试大纲

根据教育部、国家语言文字工作委员会发布的《普通话水平测试管理规定》《普通话水平测试等级标准》，制定本大纲。

一、测试的名称、性质、方式

本测试定名为"普通话水平测试"（PUTONGHUA SHUIPING CESHI，缩写为PSC）。

普通话水平测试测查应试人的普通话规范程度、熟练程度，认定其普通话水平等级，属于标准参照性考试。本大纲规定测试的内容、范围、题型及评分系统。

普通话水平测试以口试方式进行。

二、测试内容和范围

普通话水平测试的内容包括普通话语音、词汇和语法。

普通话水平测试的范围是国家测试机构编制的《普通话水平测试用普通话词语表》《普通话水平测试用普通话与方言词语对照表》《普通话水平测试用普通话与方言常见语法差异对照表》《普通话水平测试用朗读作品》《普通话水平测试用话题》。

三、试卷构成和评分

试卷包括5个组成部分，满分为100分。

（一）读单音节字词（100个音节，不含轻声、儿化音节），限时3.5分钟，共10分。

1.目的：测查应试人声母、韵母、声调读音的标准程度。

2.要求：

（1）100个音节中，70%选自《普通话水平测试用普通话词语表》"表一"，30%选自"表二"。

（2）100个音节中，每个声母出现次数一般不少于3次，每个韵母出现次数一般不少于2次，4个声调出现次数大致均衡。

（3）音节的排列要避免同一测试要素连续出现。

3.评分：

（1）语音错误，每个音节扣0.1分。

（2）语音缺陷，每个音节扣0.05分。

（3）超时1分钟以内，扣0.5分；超时1分钟以上（含1分钟），扣1分。

（二）读多音节词语（100个音节），限时2.5分钟，共20分。

1.目的：测查应试人声母、韵母、声调和变调、轻声、儿化读音的标准程度。

2.要求：

（1）词语的70%选自《普通话水平测试用普通话词语表》"表一"，30%选自"表二"。

（2）声母、韵母、声调出现的次数与读单音节字词的要求相同。

（3）上声与上声相连的词语不少于3个，上声与非上声相连的词语不少于4个，轻声不少于3个，儿化不少于4个（应为不同的儿化韵母）。

（4）词语的排列要避免同一测试要素连续出现。

3.评分：

（1）语音错误，每个音节扣0.2分。

（2）语音缺陷，每个音节扣0.1分。

（3）超时1分钟以内，扣0.5分；超时1分钟以上（含1分钟），扣1分。

（三）选择判断，限时3分钟，共10分。

1.词语判断（10组）

（1）目的：测查应试人掌握普通话词语的规范程度。

（2）要求：根据《普通话水平测试用普通话与方言词语对照表》，列举10组普通话与方言意义相对应但说法不同的词语，由应试人判断并读出普通话的词语。

（3）评分：判断错误，每组扣0.25分。

2.量词、名词搭配（10组）

（1）目的：测查应试人掌握普通话量词和名词搭配的规范程度。

（2）要求：根据《普通话水平测试用普通话与方言常见语法差异对照表》，列举10个名词和若干量词，由应试人搭配并读出符合普通话规范的10组名量短语。

（3）评分：搭配错误，每组扣0.5分。

3.语序或表达形式判断（5组）

（1）目的：测查应试人掌握普通话语法的规范程度。

（2）要求：根据《普通话水平测试用普通话与方言常见语法差异对照表》，列举5组普通话和方言意义相对应，但语序或表达习惯不同的短语或短句，由应试人判断并读出符合普通话语法规范的表达形式。

（3）评分：判断错误，每组扣0.5分。

选择判断合计超时1分钟以内，扣0.5分；超时1分钟以上（含1分钟），扣1分。答题时语音错误，每个音节扣0.1分，如判断错误已经扣分，不重复扣分。

（四）朗读短文（1篇，400个音节），限时4分钟，共30分。

1.目的：测查应试人使用普通话朗读书面作品的水平。在测查声母、韵母、声调读音标准程度的同时，重点测查连读音变、停连、语调以及流畅程度。

2.要求：

（1）短文从《普通话水平测试用朗读作品》中选取。

（2）评分以朗读作品的前400个音节（不含标点符号和括注的音节）为限。

3.评分：

（1）每错1个音节，扣0.1分；漏读或增读1个音节，扣0.1分。

（2）声母或韵母的系统性语音缺陷，视程度扣0.5分、1分。

（3）语调偏误，视程度扣0.5分、1分、2分。

（4）停连不当，视程度扣0.5分、1分、2分。

（5）朗读不流畅（包括回读），视程度扣0.5分、1分、2分。

（6）超时扣1分。

（五）命题说话，限时3分钟，共30分。

1.目的：测查应试人在无文字凭借的情况下说普通话的水平，重点测查语音标准程度、词汇语法规范程度和自然流畅程度。

2.要求：

（1）说话话题从《普通话水平测试用话题》中选取，由应试人从给定的两个话题中选定1个话题，连续说一段话。

（2）应试人单向说话。如发现应试人有明显背稿、离题、说话难以继续等表现时，主试人应及时提示或引导。

3.评分：

（1）语音标准程度，共20分。分六档：

一档：语音标准，或极少有失误。扣0分、0.5分、1分。

二档：语音错误在10次以下，有方音但不明显。扣1.5分、2分。

三档：语音错误在10次以下，但方音比较明显；或语音错误在10次—15次之间，有方音但不明显。扣3分、4分。

四档：语音错误在10次—15次之间，方音比较明显。扣5分、6分。

五档：语音错误超过15次，方音明显。扣7分、8分、9分。

六档：语音错误多，方音重。扣10分、11分、12分。

（2）词汇语法规范程度，共5分。分三档：

一档：词汇、语法规范。扣0分。

二档：词汇、语法偶有不规范的情况。扣0.5分、1分。

三档：词汇、语法屡有不规范的情况。扣2分、3分。

（3）自然流畅程度，共5分。分三档：

一档：语言自然流畅。扣0分。

二档：语言基本流畅，口语化较差，有背稿子的表现。扣0.5分、1分。

三档：语言不连贯，语调生硬。扣2分、3分。

说话不足3分钟，酌情扣分：缺时1分钟以内（含1分钟），扣1分、2分、3分；缺时1分钟以上，扣4分、5分、6分；说话不满30秒（含30秒），本测试项成绩计为0分。

四、应试人普通话水平等级的确定

国家语言文字工作部门发布的《普通话水平测试等级标准》是确定应试人普通话水平等级的依据。测试机构根据应试人的测试成绩确定其普通话水平等级，由省、自治区、直辖市以上语言文字工作部门颁发相应的普通话水平测试等级证书。

普通话水平划分为三个级别，每个级别内划分两个等次。其中：

97分及其以上，为一级甲等；

92分及其以上但不足97分，为一级乙等；

87分及其以上但不足92分，为二级甲等；

80分及其以上但不足87分，为二级乙等；

70分及其以上但不足80分，为三级甲等；

60分及其以上但不足70分，为三级乙等。

［注］各省、自治区、直辖市语言文字工作部门可以根据测试对象或本地区的实际情况，决定是否免测"选择判断"测试项。如免测此项，"命题说话"测试项的分值由30分调整为40分。评分档次不变，具体分值调整如下：

（1）语音标准程度的分值，由20分调整为25分。

一档：扣0分、1分、2分。

二档：扣3分、4分。

三档：扣5分、6分。

四档：扣7分、8分。

五档：扣9分、10分、11分。

六档：扣12分、13分、14分。

（2）词汇语法规范程度的分值，由5分调整为10分。

一档：扣0分。

二档：扣1分、2分。

三档：扣3分、4分。

（3）自然流畅程度，仍为5分，各档分值不变。

广播电视编辑记者、播音员主持人资格管理暂行规定

第一章 总 则

第一条 为规范广播电视编辑记者、播音员主持人执业资格管理，提高从业人员素质，加强广播电视队伍建设，制定本规定。

第二条 本规定适用于广播电视编辑记者、播音员主持人资格考试、执业注册、证书发放与管理等活动。

第三条 国家对广播电视编辑记者、播音员主持人实行资格认定制度。

在依法设立的广播电视节目制作、广播电视播出机构（以下简称制作、播出机构）连续从事广播电视采访编辑、播音主持工作满一年的人员，应当依照本规定通过考试和注册取得执业资格并持有执业证书。

第四条 国家广播电影电视总局（以下简称广电总局）负责全国广播电视编辑记者、播音员主持人资格认定的管理和监督。

省级广播电视行政部门负责实施本行政区域内广播电视编辑记者、播音员主持人资格考试、执业注册、证书发放与监督管理。

第二章 资格考试

第五条 广播电视编辑记者资格考试与播音员主持人资格考试（以下简称资格考试）分别举行，实行全国统一大纲、统一命题、统一组织、统一标准的制度。

资格考试原则上每年上半年举行一次。报名、考试的时间由广电总局确定，在受理报名前三个月向社会公告。

第六条 广电总局负责确定考试科目、组织编写考试大纲、建立考试试题库、组织命题等工作；负责组织资格考试、确定考试合格标准，监督、检查、指导省级广播电视行政部门实施本行政区域内的考务工作。

第七条 资格考试试卷从资格考试试题库中随机抽取生成。

第八条 符合下列条件的人员，可以报名参加资格考试：

（一）遵守宪法、法律、广播电视相关法规、规章；

（二）坚持四项基本原则，拥护中国共产党的基本理论、基本路线和方针政策；

（三）具有完全民事行为能力；

（四）具有大学专科及以上学历（含应届毕业生）。

第九条 有下列情形之一的，不能报名参加考试，已经办理报名手续的，报名无效：

（一）因故意犯罪受过刑事处罚的；

（二）受过党纪政纪开除处分的。

第十条 报名参加考试的人员，到报名点办理报名手续。经审查合格后，领取准考证。凭准考证、身份证，在指定的时间、地点参加考试。

第十一条 广电总局自考试结束之日起六十个工作日内公布考试成绩和合格标准。

参加考试的人员可以通过广电总局政府网站或指定的其他方式查询考试成绩。

第十二条 考试合格的，由省级广播电视行政部门颁发《广播电视编辑记者资格考试合格证》或《广播电视播音员主持人资格考试合格证》。

第十三条 考试中有违反考场纪律、扰乱考场秩序等行为的，视情节轻重，给予取消相关科目成绩、本次考试成绩、下一年度考试资格的处理。

第十四条 任何行政机关或行业组织不得组织强制性的资格考试考前培训，不得指定教材或者其他助考材料。

第三章　执业注册

第十五条　从事广播电视采访编辑、播音主持工作，应当取得相关执业资格。

未取得相关执业资格的人员，应当在持有相关执业证书的人员指导下从事实习等辅助性工作。

第十六条　具备下列条件的人员，可以申请相关执业资格注册：

（一）已取得《广播电视编辑记者资格考试合格证》或《广播电视播音员主持人资格考试合格证》；

（二）在制作、播出机构相应岗位实习满一年；

（三）身体状况能胜任所申请执业的工作岗位要求；

（四）无本规定第九条所列情形；

（五）以普通话为基本用语的播音员主持人，取得与岗位要求一致的普通话水平测试等级证书。

第十七条　执业资格注册，按以下程序办理：

（一）由申请人所在的制作、播出机构统一向省级广播电视行政部门（以下称注册机关）提交以下材料：

1.申请人填写的《注册申请表》、相关资格考试合格证和学历证书复印件；

2.申请人所在的制作、播出机构同意聘用申请人从事广播电视编辑记者或播音主持工作的书面意见。

（二）符合条件的，由注册机关在法定期限内办理注册手续，发放《中华人民共和国广播电视编辑记者证》或《中华人民共和国播音员主持人证》。

第十八条　《中华人民共和国广播电视编辑记者证》和《中华人民共和国播音员主持人证》由广电总局统一印制，由注册机关统一注册，有效期为二年。注册机关应将注册情况在一个月内报广电总局备案。

《中华人民共和国广播电视编辑记者证》和《中华人民共和国播音员主持人证》是广播电视编辑记者、播音员主持人的执业凭证，在全国范围内有效。

第十九条　注册有效期届满需要延续的，申请人应当在有效期届满三十日前提出延续申请，填写《延续注册申请表》，由所在的制作、播出机构向注册机关办理延续注册手续。

第二十条　注册有效期内，持证人变更工作单位并继续从事广播电视采访编辑、播音主持工作的，应当在变更工作单位后一个月内填写《变更注册申请表》，并提交执业证书，由变更后所在的制作、播出机构向所在地注册机关办理变更注册手续。

因工作变更或退休不再执业的，由原所在的制作、播出机构收回执业证书，并交原注册机关统一销毁。

第二十一条　广电总局和注册机关应当向社会公布注册人员名单等信息。

第二十二条　持证人应妥善保管执业证书，不得出借、出租、转让、涂改和损毁。

第二十三条　有下列情形之一的，注册机关不予办理注册手续；制作、播出机构应将责任人调离广播电视采访编辑或播音主持岗位：

（一）出现本规定第九条所列情形的；

（二）因本人过错造成重大宣传事故的；

（三）违反职业纪律、违背职业道德，造成恶劣影响的；

（四）品行不端、声誉较差的。

出现本条第（一）、（二）、（三）项情形的，申请人在三年内不得再次提出注册申请。

第二十四条　以欺骗、贿赂等不正当手段取得的执业证书无效，注册机关应予以撤销。申请人在三年内不得再次提出注册申请。

第二十五条　当事人对注册机关的有关决定持有异议的，可以自接到决定之日起六十日内向广电总局申请复议。

第四章　权利与义务

第二十六条　广播电视编辑记者、播音员主持人在执业活动中享有以下权利：

（一）以所在的制作、播出机构的名义从事广播电视节目采访编辑或播音主持工作，制作、播出机构应当提供完成工作所必需的物质条件；

（二）人身安全、人格尊严依法不受侵犯；

（三）参加继续教育和业务培训；

（四）指导实习人员从事采访编辑、播音主持工作；

（五）依法享有的其他权利。

第二十七条　广播电视编辑记者、播音员主持人在执业活动中应当履行以下义务：

（一）遵守法律、法规、规章；

（二）尊重公民、法人和其他组织的合法权益；

（三）坚持正确的舆论导向；

（四）恪守职业道德，坚持客观、真实、公正的原则；

（五）严守工作纪律，服从所在机构的管理，认真履行岗位职责；

（六）努力钻研业务，更新知识，不断提高政策理论水平和专业素养；

（七）树立良好的公众形象和健康向上的精神风貌；

（八）依法应当履行的其他义务。

第五章　附　则

第二十八条　本规定实施前，在广播电视播出机构工作并取得编辑记者、播音员主持人从业资格的人员，符合广电总局规定条件的，经本人申请，可以通过审核取得本规定要求的执业资格，获得执业证书。具体办法由广电总局另行规定。

第二十九条　聘请境外人员从事广播电视采访编辑、播音主持工作的，依照国家有关规定执行。

第三十条　本规定自2004年8月1日起施行，广电总局《播音员主持人持证上岗规定》（广电总局令第10号）同时废止。

国家广播电影电视总局资格考试委员会办公室

二〇〇五年八月九日

广播电视编辑记者、播音员主持人资格考试办法（试行）

第一章 总 则

第一条 为规范全国广播电视编辑记者、播音员主持人资格考试（以下简称资格考试），根据《国务院对确需保留的行政审批项目设定行政许可的决定》（国务院令第412号）和国家广播电影电视总局（以下简称广电总局）《广播电视编辑记者、播音员主持人资格管理暂行规定》（广电总局令第26号）等规定，制定本办法。

第二条 凡从事广播电视编辑记者、播音员主持人工作的人员必须依法取得广播电视编辑记者、播音员主持人执业资格。通过资格考试取得《广播电视编辑记者资格考试合格证》或《广播电视播音员主持人资格考试合格证》，是申请执业资格的必备条件。

第三条 资格考试由广电总局组织实施，实行全国统一大纲、统一命题、统一组织、统一标准的制度，原则上每年上半年举行一次。

第四条 资格考试遵循合法规范、公平公正、方便应考的原则。

第二章 组织机构

第五条 广电总局设立资格考试委员会，下设办公室（设在人事教育司），负责全国资格考试工作。省级广播电视行政部门设立相应资格考试办公室（设在人事教育部门），负责本行政区域资格考试考务管理工作。

第六条 广电总局资格考试委员会履行以下职责：

（一）确定资格考试科目，发布考试大纲和公告；

（二）组建资格考试专家委员会并指导其工作；

（三）监督、指导省级广播电视行政部门资格考试办公室工作；

（四）审定年度资格考试试卷，组织阅卷；

（五）公布资格考试成绩；

（六）确定资格考试合格标准；

（七）其他有关工作。

第七条 资格考试专家委员会履行以下职责：

（一）编写考试大纲；

（二）为资格考试题库提供试题；

（三）拟制年度资格考试试卷及其标准答案；

（四）其他有关工作。

第八条 省级广播电视行政部门资格考试办公室履行以下职责：

（一）制定本行政区域资格考试考务管理工作方案；

（二）组织报名，审核考生报名资格，发放准考证；

（三）负责本行政区域资格考试的考点、考场设置等工作；

（四）发放资格考试成绩单和合格证书，接受考生查询；

（五）其他有关工作。

第三章 报名及考试

第九条 凡遵守宪法、法律、广播电视相关法规、规章，坚持四项基本原则，拥护中国共产党的基本理论、基本路线和方针政策，具有完全民事行为能力，具有大学专科及以上学历（含应届毕业生）的人员，均可报名参加资格考试。

因故意犯罪受过刑事处罚，受过党纪、政纪开除处分的人员，不能报名参加考试。已经办理报名手续的，报名无效。

第十条 参加资格考试的人员现场报名时，应提交符合本办法第九条规定条件的身份、学历等证件的原件和复印件，填写报名表、交纳考试费。

参加资格考试的人员应对其提供的证件和材料的真实性、准确性、完整性、合法性负责。

第十一条 资格考试依据国家和省级有关部门规定收取考试费。

第十二条 参加资格考试的人员可以不受地域限制，就近办理报名手续。

第十三条 经审查合格的人员，由省级广播电视行政部门资格考试办公室发给准考证。

第十四条 应考人员凭准考证和有效身份证件，按规定时间，到指定考场参加考试。

第十五条 资格考试由公共科目和专业科目组成。

第十六条 资格考试采取闭卷笔试、计算机考试或口试等方式进行。

第十七条 各科考试成绩合格的，可获得《广播电视编辑记者资格考试合格证》或《广播电视播音员主持人资格考试合格证》。

第十八条 单科考试合格的成绩，可保留至下一考试年度。

第四章 试 卷

第十九条 资格考试命题应遵循专业化、标准化、规范化的原则。

第二十条 资格考试试卷从资格考试试题库中随机抽取生成。

第二十一条 资格考试试卷与试卷答案、评分标准同时确定。

第二十二条 资格考试应严格遵守国家有关保密规定，试卷应在符合国家保密标准的定点单位印制，按照国家保密规定运送、保管。

第二十三条 资格考试试卷、试题、答案及评分标准在启用前均属国家秘密。

第二十四条 参加命题的人员应履行保密义务，签署保密承诺书，不得从事妨碍其履行保密义务的活动。

第五章 考 务

第二十五条 资格考试的考试时间、考试科目、考试方式在受理报名前三个月向社会公告。

第二十六条　资格考试成绩和合格标准在考试结束之日起六十个工作日内公布，应考人员可以通过广电总局网站或指定的其他方式查询。

第二十七条　应考人员对资格考试成绩有异议的，应当在成绩公布之日起十五个工作日内向当地省级广播电视行政部门资格考试办公室提出，省级广播电视行政部门资格考试办公室自受理之日起十五个工作日内予以答复。

第二十八条　因特殊原因取消或延期举行资格考试，应向社会公告。

第六章　纪　律

第二十九条　应考人员应遵守资格考试规定和考场规则，有违反考试规定和考场规则的，视情节轻重，给予取消相关科目成绩、取消本次考试成绩、取消下一年度考试资格等处理。

第三十条　应考人员违反考场规则的，由监考人员当场记录其姓名、准考证号、情节，并告知当事人；监考人员应将违反考场规则的情况及时上报所在地省级广播电视行政部门资格考试办公室。

第三十一条　对违反考试规定和考场规则的应考人员给予取消相关考试科目成绩处理的，由省级广播电视行政部门资格考试办公室依据相关规定做出处理决定。

第三十二条　对违反考试规定和考场规则的应考人员给予取消本次考试成绩、取消下一年度考试资格处理的，由省级广播电视行政部门资格考试办公室提出处理意见，报广电总局资格考试委员会办公室做出处理决定。

第三十三条　应考人员对处理结果有异议的，可在知道或应当知道处理结果之日起十五日内，以书面形式向考场所在地省级广播电视行政部门资格考试办公室提出，省级广播电视行政部门资格考试办公室应自受理之日起十五个工作日内予以答复。

第三十四条　任何行政机关或行业组织不得组织强制性的资格考试考前培训，不得指定教材或者其他助考材料。

第三十五条　在组织实施资格考试中出现严重违纪违规行为，造成恶劣影响的，视情节轻重对直接主管人员和直接责任人员依法给予处分；构成犯罪的，依法追究刑事责任。

第七章 附 则

第三十六条 因工作需要，经广电总局同意，可以使用少数民族语言文字进行考试。

第三十七条 本办法自2005年9月3日起施行。

广播电视编辑记者、播音员主持人执业资格注册办法（试行）

第一条 为了规范广播电视编辑记者、播音员主持人执业资格管理工作，加强广播电视编辑记者、播音员主持人队伍建设，根据《广播电视编辑记者、播音员主持人资格管理暂行规定》（国家广电总局令第26号），制定本办法。

第二条 广播电视编辑记者、播音员主持人实行执业资格注册制度。

经注册取得《中华人民共和国广播电视编辑记者证》或《中华人民共和国播音员主持人证》（以下简称执业证书）后，方可在依法设立的广播电视节目制作、播出机构（以下简称制作、播出机构）从事广播电视采访编辑或播音主持活动。注册有效期为二年。

第三条 执业证书由国家广电总局统一印制，是持证人具备广播电视编辑记者、播音员主持人执业资格、从事广播电视采访编辑或播音主持活动的唯一有效的凭证，在全国范围内有效。

第四条 国家广电总局负责全国广播电视编辑记者、播音员主持人执业资格注册管理和监督工作。

省级广播电视行政部门（以下称注册机关）负责本行政区域内广播电视编辑记者、播音员主持人执业资格注册及管理工作。

第五条 凡依法取得《广播电视编辑记者资格考试合格证》或《广播电视播音员主持人资格考试合格证》，且具备下列条件的人员，均可申请广播电视编辑记者或播音员主持人执业资格注册：

（一）具有完全民事行为能力；

（二）在制作、播出机构相应岗位实习满一年；

（三）制作、播出机构同意聘用从事广播电视采访编辑或播音主持工作；

（四）身体状况能胜任所申请执业的工作岗位要求；

（五）以普通话为基本用语，在省级（含）以上播出机构从事播音主持工作的，《广播电视播音主持业务》口试成绩需达到A级等次；在其他制作、播出机构从事播音主持工作的，《广播电视播音主持业务》口试成绩需达到B级等次。

第六条 符合本办法第五条之规定申请首次注册，应由相关的制作、播出机构按属地原则将下列申报材料报同级广播电视行政部门审核后，统一报所在地注册机关：

（一）《首次注册申请表》1份；

（二）近期二寸彩色正面免冠照片2张；

（三）《广播电视编辑记者资格考试合格证》或《广播电视播音员主持人资格考试合格证》复印件1份；

（四）学历证书复印件1份；

（五）有效身份证明复印件1份。

上述复印件均需由制作、播出机构审验原件无误后，加盖制作、播出机构印章。

第七条 每月10日为注册机关集中受理注册申报材料的时间（遇法定节假日，受理时间顺延）。

第八条 申报材料齐全、符合法定形式，且申请人符合注册条件的，注册机关应当自受理申报材料之日起十个工作日内，通过专用网络向国家广电总局申请办理注册手续，国家广电总局自受理申请之日起，十个工作日内作出准予注册的决定并统一生成证书编号，注册机关在十个工作日内向注册申请人发放执业证书。注册有效期的起始时间自作出决定之次月起计算。

申报材料不齐全或者不符合法定形式的，应当当场或者在五个工作日内一次告知需要补正的全部内容。

第九条 有下列情形之一的，三年内不予注册：

（一）因故意犯罪受过刑事处罚的；

（二）受过党纪政纪开除处分的；

（三）因本人过错造成重大宣传事故的；

（四）违反职业纪律、违背职业道德，造成恶劣影响的。

第十条 品行不端、声誉较差的，不予注册。

第十一条 不予注册的，注册机关应当自作出决定之日起十个工作日内书面通知申请人。书面通知中应当说明不予注册的理由，并告知申请人享有依法申请行政复议或者提起行政诉讼的权利。

第十二条 注册有效期届满需要延续的，经同级广播电视行政部门审核后，持证人所在的制作、播出机构应当在有效期届满前三十日内向所在地注册机关提交《延续注册申请表》、执业证书，申请办理延续注册手续。未按期办理延续注册手续的，执业证书无效。

第十三条 变更制作、播出机构的，经同级广播电视行政部门审核后，持证人变更后的制作、播出机构应当在三十日内向所在地注册机关提交《变更注册申请表》、执业证书，申请办理变更注册手续，注册有效期重新计算，证书编号不变。

第十四条 持证人应妥善保管执业证书，不得出借、出租、转让、涂改和损毁。如发生损坏或者遗失的，应当填写《执业证书换领（补发）申请表》，经同级广播电视行政部门审核后，由相关的制作、播出机构向原注册机关申请换领或补发执业证书，注册有效期重新计算，证书编号重新生成。

申请换领的，须交回损坏的执业证书。

第十五条 经注册机关负责人签字确认后，注册机关方能办理执业资格首次注册、延续注册、变更注册及执业证书换领和补发等相关手续。

第十六条 因工作岗位变更或退休不再执业的，由其所在的制作、播出机构收回执业证书，于三十日内交原注册机关统一销毁。

第十七条 有下列情形之一的，国家广电总局可以通知有关注册机关撤销注册：

（一）注册机关工作人员滥用职权、玩忽职守准予注册的；

（二）超越法定职权准予注册的；

（三）违反法定程序准予注册的；

（四）对不具备申请资格或者不符合法定条件的申请人准予注册的。

第十八条　以欺骗、贿赂等不正当手段取得的执业证书无效，注册机关应予以撤销。当事人在三年内不得再次提出注册申请。

第十九条　注册机关应当建立统计和档案制度，妥善保管注册申请材料。

第二十条　国家广电总局根据执业资格网络注册计算机监控记录和各地注册管理信息，不定期对注册机关的日常注册及建档情况进行抽查、核对。

第二十一条　国家广电总局审核确认的注册信息，通过国家广电总局政府网站向社会公布。

第二十二条　注册机关工作人员有滥用职权、玩忽职守或违规操作的行为，视情节轻重，追究当事人及注册机关的责任。

第二十三条　本办法自颁布之日起试行。

2022年全国广播电视编辑记者、播音员主持人资格考试大纲

第一章 总 则

第一条 为规范广播电视编辑记者、播音员主持人资格管理，做好全国广播电视编辑记者、播音员主持人资格考试工作，根据《广播电视编辑记者、播音员主持人资格考试办法（试行）》（广发人字〔2005〕552号），制定本大纲。

第二条 本大纲是全国广播电视编辑记者、播音员主持人资格考试命题的依据，供考生备考时参考。

第三条 考试科目：

（一）广播电视编辑记者资格考试科目

综合知识；广播电视基础知识；广播电视业务。

（二）广播电视播音员主持人资格考试科目

综合知识；广播电视基础知识；广播电视播音主持业务（笔试）；广播电视播音主持业务（口试）。

第二章 综合知识

第四条 综合知识重点考察考生的知识面和综合素质，要求考生了解所列知识点。

第五条 综合知识考试时间、考试方式和试题类型：

（一）考试时间为90分钟。

（二）考试方式为闭卷、笔试。

（三）试卷满分为100分。

（四）试题类型包括单项选择题和多项选择题。

第六条 综合知识内容包括：

一、政治理论知识

（一）马克思列宁主义理论

世界物质统一性原理　世界的普遍联系和永恒发展　物质决定意识原理　事物矛盾运动的基本原理　唯物辩证法的基本规律　以实践为基础的能动的反映论　真理和检验真理的标准　社会基本矛盾及其运动规律　人民群众和个人在历史上的作用

商品　货币　资本　价值规律　剩余价值　资本主义再生产与资本积累　资本主义基本矛盾　资本主义经济危机

两大发现与科学社会主义的创立　"两个必然"与"两个决不会"　社会发展和人的自由而全面发展　共产主义

（二）毛泽东思想

毛泽东思想的形成、主要内容　毛泽东思想是马克思主义中国化的第一次历史性飞跃　新民主主义革命总路线　新民主主义基本纲领　人民民主政权　新民主主义革命的三大法宝（统一战线、武装斗争、党的建设）　毛泽东思想活的灵魂（实事求是、群众路线、独立自主）《实践论》《矛盾论》《论十大关系》和《关于正确处理人民内部矛盾的问题》

（三）中国特色社会主义理论体系

邓小平理论的形成、主要内容、历史地位　"三个代表"重要思想的形成、主要内容、历史地位　科学发展观的形成、主要内容、历史地位　中国特色社会主义道路、中国特色社会主义制度的形成和发展　中国特色社会主义理论体系实现了马克思主义中国化新的飞跃

（四）习近平新时代中国特色社会主义思想

新时代内涵与意义　社会主要矛盾变化　习近平新时代中国特色社会主义思想的重大时代课题　习近平新时代中国特色社会主义思想的主要内容、历

史地位　当代中国马克思主义、二十一世纪马克思主义　中华文化和中国精神的时代精华　马克思主义中国化新的飞跃　"两个确立"及其决定性意义　历史性成就与历史性变革　坚持和发展中国特色社会主义的总依据和总任务　实现中华民族伟大复兴的中国梦　"两个一百年"奋斗目标　"两步走"战略　"五位一体"总体布局　"四个全面"战略布局　以人民为中心的发展思想

习近平新时代中国特色社会主义经济思想　坚持和完善社会主义基本经济制度　"七大战略"　新发展阶段　新发展理念　新发展格局　使市场在资源配置中起决定性作用与更好发挥政府作用　深化供给侧结构性改革　加快建设全国统一大市场　全面深化改革及其总目标

坚持走中国特色社会主义政治发展道路　坚持和完善人民当家作主制度体系　全过程人民民主　社会主义协商民主　推进国家治理体系和治理能力现代化　习近平法治思想　坚持和完善中国特色社会主义法治体系　全面依法治国及其总目标

建设社会主义文化强国　牢牢掌握意识形态工作领导权　落实意识形态工作责任制　培育和践行社会主义核心价值观　实现中华优秀传统文化的创造性转化和创新性发展　共产主义远大理想和中国特色社会主义共同理想

坚持和完善统筹城乡的民生保障制度　乡村振兴战略　坚持和完善共建共治共享的社会治理制度

习近平生态文明思想　坚持和完善生态文明制度体系　建设美丽中国

总体国家安全观　习近平强军思想　坚持和完善党对人民军队的绝对领导制度　中国特色强军之路　坚持"一国两制"和推进祖国统一

习近平外交思想　坚持和完善独立自主的和平外交政策　建设新型国际关系　全人类共同价值　构建人类命运共同体　"一带一路"倡议　共商共建共享的全球治理观

坚持党的全面领导　增强"四个意识"　坚定"四个自信"　做到"两个维护"　中国特色社会主义最本质的特征和制度的最大优势　全面从严治党　新时代党的建设总要求　党的政治建设　新时代党的组织路线　中国共

产党成立的伟大意义　中国共产党成立百年来的"四个历史阶段"与"四个伟大成就"　伟大建党精神　中国共产党百年奋斗的历史意义、历史经验　"中国共产党是什么，要干什么"　"五个必由之路"　"五个战略性有利条件"　"四个之问"

（五）近期国内外重大事件

二、法律基础知识与相关法律法规

（一）宪法

我国的国家指导思想　我国的国体　中国特色社会主义事业总体布局　中国特色社会主义最本质的特征　依法治国　我国的文化制度　我国公民的基本权利和义务　倡导社会主义核心价值观　宪法宣誓制度　监察制度　使用语言文字的原则　国旗、国歌、国徽、首都的规定

（二）相关法律法规

民法典　民事权利能力和民事行为能力　未成年人法定年龄标准　保护民事主体的生命权、身体权、健康权、姓名权、名称权、肖像权、名誉权、荣誉权、隐私权等人格权　保护自然人基于人身自由、人格尊严产生的其他人格权益　新闻报道涉及人格权益的合理使用与合理核实义务　个人信息保护与处理　保护英雄烈士的人格权益

刑法　为境外窃取、刺探、收买、非法提供国家秘密、情报罪　破坏广播电视设施罪　侵犯著作权罪　损害商业信誉、商品声誉罪　虚假广告罪　诬告陷害罪　侮辱罪　诽谤罪　煽动民族仇恨、民族歧视罪　非法获取国家秘密罪　扰乱无线电通讯管理秩序罪　传播淫秽物品罪　侮辱国旗、国徽、国歌罪　泄露国家秘密罪

刑事诉讼法　不得强迫自证其罪原则　未成年人犯罪案件的报道

公共文化服务保障法　公共文化服务的负责部门　公共文化设施　政府公开公共文化服务信息和媒体监督

国歌法　国歌的名称　国歌的法律地位　维护国歌尊严　禁止奏唱国歌的场合　国歌的宣传教育　广播电台电视台播放国歌的法定时点

英雄烈士保护法　英雄烈士的法律地位　烈士纪念日　鼓励和支持英雄

烈士事迹创作生产和宣传推广　广播电台电视台广泛宣传英雄烈士事迹和精神的法定义务　广播电视行政部门保护英雄烈士名誉、荣誉的法定职责

未成年人保护法　未成年人节目管理规定　未成年人合法权益保护　制作传播内容要求

知识产权法律体系　著作权法保护的作品范围　著作权权利种类　著作权权利限制　表演者权利和义务　录音录像制作者权利和义务　广播电台、电视台权利和义务　职务作品

国家安全法　总体国家安全观　国家安全教育日　培育和践行社会主义核心价值观　掌握意识形态领域主导权是维护国家安全的重要任务

网络安全法　网络安全等级保护　网络产品和服务强制认证个人信息保护　网络用户实名制　网络信息发布行为规范

个人信息保护法　个人信息概念　个人信息处理规则　个人在个人信息处理活动中的权利　个人信息处理者的义务

保守国家秘密法　国家秘密范围　法律责任

监察法　监察委员会　监察范围　对监察机关和监察人员的监督

广告法　广播电台电视台发布广告内容准则和行为规范　未成年人广告的特别规定　广播电台电视台违反广告法的法律责任　广播电视行政管理部门的监管职责和法律责任

证券法　证券交易内幕信息　证券交易内幕信息的知情人　证券内幕交易的法律责任

国家通用语言文字法　国家通用语言文字基本原则　国家通用语言文字使用

《广播电视管理条例》　禁止制作、播放的广播电视节目　广播电视新闻应当遵守的原则　广播电台、电视台使用语言文字的原则　广播电台、电视台审查节目的要求

《政府信息公开条例》《信息网络传播权保护条例》《互联网视听节目服务管理规定》《互联网新闻信息服务管理规定》《网络音视频信息服务管理规定》

三、经济学、社会学、文学

社会主义初级阶段的基本经济制度和分配制度　社会主义市场经济体制的基本特征　供给与需求　自由经营与政府干预　资源配置　成本与收益　国内生产总值（GDP）　居民消费价格指数（CPI）　恩格尔系数　基尼系数　通货膨胀与通货紧缩　充分就业与失业　财政政策和货币政策　顺差和逆差　外汇与汇率　自由贸易与保护贸易　固定汇率制度与浮动汇率制度　欧盟　区域经济一体化和经济全球化　世界贸易组织　世界银行和国际货币基金组织

社会化　社会角色　社会规范　社区　社会分层　现代化　社会保障

《诗经》《楚辞》《史记》　唐诗　宋词　《三国演义》《水浒传》《西游记》《红楼梦》　新文化运动　鲁迅　沈从文　茅盾　《荷马史诗》　文艺复兴　莎士比亚　巴尔扎克　卡夫卡

第三章　广播电视基础知识

第七条　广播电视基础知识重点考察考生对广播电视工作认知程度，要求考生掌握马克思主义新闻观、党的新闻宣传工作方针原则、新闻工作者的职业道德规范、广播电视常识。

第八条　广播电视基础知识考试时间、考试方式和试题类型：

（一）考试时间为 90 分钟。

（二）考试方式为闭卷、笔试。

（三）试卷满分为 100 分。

（四）试题类型包括选择题、简答题、辨析题、论述题。

第九条　广播电视基础知识内容包括：

一、马克思主义新闻观和中国社会主义新闻事业的方针原则

（一）马克思主义新闻观

马克思主义新闻观的含义　马克思主义新闻观的形成与发展　坚持马克思主义新闻观的基本要求　新时代新闻战线深入开展"三项学习教育"活动的内涵要求　增强"四力"教育实践　坚决反对"四风"，特别是形式主义、官

僚主义

（二）中国社会主义新闻事业的基本方针

为人民服务、为社会主义服务、为全党全国工作大局服务　团结稳定鼓劲、正面宣传为主

（三）新闻工作的党性原则

党性原则是马克思主义新闻观的根本原则　党性原则的含义与基本要求　坚持党对新闻工作的领导　坚持党性和人民性的统一

（四）舆论导向

舆论导向的含义　坚持正确舆论导向的基本要求　把握新闻宣传的时度效　坚持正确的政治方向、舆论导向和价值取向

（五）舆论监督

舆论监督的实质　舆论监督的社会功能　正确行使舆论监督职能　坚持建设性监督、准确监督、科学监督、依法监督的原则　把握大局，提高舆论监督水平　舆论监督和正面宣传相统一

（六）政治家办报办台

"政治家办报"的提出与发展　政治家办报办台的基本要求　在新形势下坚持政治家办报办台

（七）新闻真实性原则

新闻是新近发生的事实的报道　新闻定义的内涵

真实是新闻的生命　新闻真实的本质要求与具体要求　实事求是是新闻工作的根本出发点　坚持准确、公正、全面、客观的报道原则　当前新闻真实性方面存在的问题及如何坚持新闻的真实性

以辩证唯物主义反映论指导新闻工作　新闻报道必须以事实为依据　新闻手段　客观报道　全面把握和正确反映社会生活的本质和主流　发扬深入实际、调查研究、求真务实、实事求是的作风

（八）新闻价值

新闻价值的含义　新闻价值的要素　新闻价值的客观性与综合性　新闻价值取向

（九）新闻事业的性质

新闻事业是一定社会的经济基础通过新闻手段的反映　新闻事业属于上层建筑意识形态范畴　新闻事业是综合国力和国家形象的体现

新闻舆论工作的地位作用（"一项重要工作""一件大事""五个事关"）　新闻舆论工作的职责使命

（十）贴近实际、贴近生活、贴近群众

"三贴近"原则的含义和基本要求　按照"三贴近"原则加强和改进新闻宣传工作

（十一）推动文化事业与文化产业发展

坚持把社会效益放在首位，社会效益与经济效益相统一　完善公共文化服务体系　深入实施文化惠民工程　关于规范网络直播打赏　加强未成年人保护的意见　关于加强网络视听节目平台游戏直播管理的通知　网络主播行为规范

（十二）文艺方针政策

"二为方向""双百方针"　坚持创造性转化、创新性发展　弘扬主旋律，提倡多样化　思想性、艺术性、观赏性三性统一　坚持尊重文艺规律，尊重作家艺术家的创造性劳动　深入生活、扎根人民　倡导讲品位、讲格调、讲责任，抵制低俗、庸俗、媚俗　加强新时代文艺评论工作的指导意见

（十三）对外宣传工作的基本原则

外宣工作职责使命　外宣工作基本原则　加强国际传播能力建设

（十四）推进媒体融合发展的原则要求

关于推动传统媒体和新兴媒体融合发展的指导意见　关于加强县级融媒体中心建设的意见　关于加快推进媒体深度融合发展的意见

（十五）党的十八大以来习近平总书记关于新闻舆论工作与文艺工作的重要讲话

在全国宣传思想工作会议上的讲话　在党的新闻舆论工作座谈会上的讲话　视察解放军报社的讲话　在全国网络安全和信息化工作会议上的讲话　在第十九届中央政治局第十二次集体学习时就全媒体时代和媒体融合发展发表的

重要讲话　在文艺工作座谈会上的讲话　在中国文联十大、中国作协九大开幕式上的讲话　在第十九届中央政治局第三十次集体学习时就加强和改进国际传播工作的讲话　在第十九届中央政治局第三十九次集体学习时就传承弘扬中华文明的讲话

二、新闻工作者职业道德

（一）新闻工作者责任

新闻职业与新闻工作者　新闻工作者的职业特征　新闻工作者的社会责任　新闻工作者的职业修养

（二）新闻职业道德

新闻职业道德的本质特征　新闻职业道德的基本原则和规范　新闻工作的法律规范　新闻工作者职业道德建设的意义　加强新闻职业道德制度建设　违反新闻工作者职业道德的行为　打击新闻敲诈和假新闻（"打假治敲"）专项行动

（三）广播电视新闻工作者职业道德

《中国新闻工作者职业道德准则》（2019年11月7日修订）《中国广播电视编辑记者职业道德准则》《中国广播电视播音员主持人职业道德准则》《新闻从业人员职务行为信息管理办法》《关于进一步规范播音员主持人职业行为和社会活动管理的意见》

三、广播电视常识

（一）新中国广播电视发展

延安新华广播电台　北平新华广播电台　国家广播电视总局　中央广播电视总台　中央人民广播电台　中国国际广播电台　中央电视台　中国国际电视台（中国环球电视网）　央视网　央广网　国际在线　中国网络电视台　央视频　云听　中央广播电视总台央视奥林匹克频道（CCTV-16）　中央广播电视总台8K超高清频道（CCTV-8K）

（二）广播电视节目概述

广播电视节目　广播电视的传播特点　广播的传播符号　电视的传播符号　电视影像的要素　广播电视新闻的语言表达　广播新闻中音响与文字的关

系 电视新闻中画面、音响与文字的关系 公益广告

（三）新型传播平台的概念和种类

媒体的数字化、网络化、移动化、智能化 智慧广电战略 移动优先战略 微信 微博 客户端 社交媒体 网络直播 UGC（用户生产内容） PGC（专业生产内容） 网络主播 网络综艺 网络剧 网络电影 短视频 跨屏互动

第四章 广播电视业务

第十条 广播电视业务重点考察考生的广播电视采编能力，要求考生掌握采、写、编、评的基本技能。

第十一条 广播电视业务考试时间、考试方式和试题类型：

（一）考试时间为 150 分钟。

（二）考试方式为闭卷、笔试。

（三）试卷满分为 100 分。

（四）试题类型包括选择题、案例分析题、写作题。

第十二条 广播电视业务内容包括：

一、广播电视采访

（一）广播电视新闻采访

新闻采访 广播电视新闻采访的要求

（二）广播电视新闻采访的选题

新闻线索 确立选题的标准

（三）广播电视采访准备

广播电视采访的准备 采访提纲的撰写 记者在现场的介入方式 采访对象的选择

（四）广播电视采访方法

现场观察 广播采录的基本要求 电视摄录的基本要求 体验式采访

二、广播电视写作

（一）广播电视新闻写作的基本要求

符合广播电视媒体特点　用事实说话

（二）广播电视新闻的结构要求

结构线索清晰　层次清楚　核心信息处理突出

（三）广播电视消息

广播电视消息　新闻要素　背景　导语　广播电视消息常用结构

（四）广播电视新闻专题

广播电视新闻专题特点　广播电视新闻专题表达手段　广播电视新闻专题常用结构

（五）广播电视现场报道

广播电视现场报道　现场直播

（六）广播电视连续报道与系列报道

连续报道　连续报道的基本要求　系列报道　系列报道的基本要求

（七）深度报道

（八）全媒体报道

三、广播电视编辑

（一）新闻编辑的主要职责和具体工作

新闻编辑工作的主要职责　选题确定　编辑工作流程　新闻报道的策划　选择稿件　修改稿件　制作标题　栏目编排　录制播出　直播导播　通联　报道策划

（二）节目编辑合成

音像编辑合成　新闻类节目音像编辑的基本原则　广播新闻编辑手法和技巧　电视新闻编辑手法和技巧　情景再现

四、广播电视评论

（一）新闻评论的特点与功能

新闻评论　新闻评论的功能　新闻评论的特点　广播电视新闻评论的特点

（二）新闻评论的说理

论点　论据　论证　据事说理　对比说理

（三）广播电视评论类型

本台评论　本台短评　编后话　新闻述评　谈话类评论　舆论监督节目

五、广播电视报道类型及规范

案件报道　批评性报道　灾难报道　突发事件报道　死亡报道　暴力报道　未成年人报道规范　隐性采访　图片报道　报道中的禁用词

第五章　广播电视播音主持业务

第十三条　广播电视播音主持业务，重点考察考生对播音主持工作的理解和认识、对播音主持理论基本知识的掌握和运用以及播音主持的实际操作能力。要求考生能以正确的传播理念、良好的声音形象和屏幕形象、标准的普通话和规范而丰富生动的语言表达，完成广播电视的播音主持工作。

第十四条　广播电视播音主持业务考试时间、考试方式和试题类型：

（一）笔试

1. 考试时间为 150 分钟。

2. 考试方式为闭卷。

3. 试卷满分为 100 分。

4. 试题类型包括选择题、简答题、写作题。

（二）口试

1. 准备时间为 10 分钟，考试时间为 5 分钟。

2. 考试方式为闭卷，现场抽题、现场准备、现场考试并录像。

3. 口试满分为 100 分。

4. 试题类型包括新闻播报、话题主持。

第十五条　广播电视播音主持业务内容包括：

一、播音主持工作及播音员主持人职业

（一）播音主持工作的性质、宗旨、意义

播音主持工作的性质　播音主持工作的宗旨　播音主持工作的意义

（二）播音主持工作的责任

牢固树立党的宣传员和新闻工作者的责任意识　自觉维护祖国语言文字的纯洁　遵纪守法廉洁自律　树立良好的职业形象和社会公众人物形象　勤奋敬业德艺双馨

（三）播音主持工作的地位、规律、特点、创作道路

播音主持工作的地位　播音主持工作的规律　播音主持工作的特点　播音主持正确的创作道路

（四）播音主持职业规范要求和职业道德准则

播音主持职业规范要求

严格区分职业行为和个人行为　遵守和尊重播音主持工作的各项法律法规　遵守和尊重播音主持创作规律认真严肃对待每一次播出　严格遵守安全播出的各项规章制度　尊重被采访对象（特别是未成年人、残疾人、社会弱势群体等）

播音主持职业道德准则

责任　品格　形象　语言　廉洁

（五）播音主持岗位规范的意义、播音主持工作优良传统和作风

播音主持岗位规范的意义

有助于培养严谨的工作作风　有利于提高播出质量　有助于塑造良好的媒体形象　以高水平、高质量的播出，树立自己的职业形象　以谦虚的态度和精湛的艺术，尊重和保护自己的职业尊严

播音主持工作优良传统和作风

坚定正确的政治方向　尽职尽责的承担职业责任　全方位主动积极学习积累广博的文化知识　一丝不苟的勤学苦练专业基本功　严谨细致的工作作风　表里如一的慎独品格　精益求精的敬业精神

二、播音主持职业首要的必备基础知识

（一）新闻素质

新闻的基本概念：真实性　准确性　价值　意义等

现场报道的基本能力要求：细致的现场观察能力　敏锐的新闻洞察能力　综合分析、理清思路的逻辑能力　准确的语言表述能力等

（二）语言文字素养

1. 对语言文字基本概念、知识的掌握

2. 按照职业要求运用语言文字的基本能力

基本的准确运用词语概念表述的能力　符合语法规范、用基本通顺的语句叙述内容的能力　思路清晰、条理层次分明的逻辑能力　语言生动形象的修辞能力

（三）形体语言、基本礼仪、交流沟通能力

形体语言的基本形态　形体语言的基本功能　形体语言表达的基本规律　职业行为中的必备礼仪　作为公众人物的必备礼仪　日常生活中的必备礼仪　掌握和遵守交流沟通的基本规则　职业行为中的交流和沟通

三、播音主持理论基础知识

（一）播音发声知识

播音发声的基本要求及方法　呼吸原理及方法　呼吸在有声语言表达中的作用　口腔控制原理和要领　口腔控制的目的和意义　吐字归音的方法　吐字归音在语言表达中的作用和意义

（二）普通话语音知识

普通话概念　普通话语音特点　普通话声母、韵母、声调、语流音变、词的轻重格式等知识　普通话异读词读音　人名地名的读音　播音员主持人必备语音工具书

（三）播音主持语言表达知识

1. 创作准备与思想感情的运动状态

备稿的定义、内容、方法以及应注意的问题　思想感情的运动状态　感受、态度、感情　具体感受与整体感受

2. 调动思想感情的方法

情景再现的定义、展开过程以及应注意的问题　内在语的定义、作用、分类以及把握　对象感的定义、特征、把握以及应避免的几个误区

3. 表达思想感情的方法

停连的定义、作用、位置的确定以及表达　重音的定义、作用、位置的

确定以及表达　语气的定义、感情色彩和分量、声音形式　节奏的定义、类型以及方法

4. 即兴口语表达

广播电视即兴口语表达的范畴和现状　广播电视即兴口语运用的原则　广播电视即兴口语表达的原则　厚积薄发对即兴口语运用和表达的积极意义　串联词的定义、功能、把握以及创作追求　临场应变——即兴口语表达的致臻境界　即兴口语表达易出现的问题　临场应变的定义、要求、依据、现场控制以及应变策略

四、播音主持业务

（一）文稿播读

1. 新闻类节目及其分类　新闻文稿播读的总体要求　新闻消息的播读　新闻评论的播读　新闻专稿的播读

2. 文艺类节目及其分类　文艺类文稿播读的总体要求　文艺类文稿播读的具体要求

3. 社教类节目及其分类　社教类文稿播读的总体要求　社教类文稿播读的具体要求

4. 财经类节目及其分类　财经类文稿播读的总体要求　财经类文稿播读的具体要求

（二）话题主持

1. 新闻评论类节目的界定和分类　新闻评论类专题主持的基本要求

2. 财经类节目的界定和分类　财经类专题主持的基本要求

3. 服务类节目的界定和分类　服务类专题主持的基本要求

4. 综艺娱乐类节目的界定和分类　综艺娱乐类专题主持的基本要求

五、播音员主持人形象

（一）播音员主持人的形象概述

1. 形象的定义

2. 职业形象（声音形象、屏幕形象、社会公众形象）　个人形象

（二）塑造播音员主持人形象的意义和作用

1. 有助于塑造媒体形象

2. 有助于先进文化的传播

（三）处理好播音员主持人形象的多重关系

1. 职业形象与个人形象的关系

2. 内在素质与外在形象的关系

3. 个人和集体的关系

（四）塑造播音员主持人形象的具体要求

1. 塑造职业形象的基本要求

声音形象塑造的基本常识和技巧　职业着装的基本概念及搭配技巧　发型造型的基本常识和要求　化妆造型的基本原则及技巧　饰物佩戴的基本常识

2. 表现职业形象的基本要求

体现媒体责任和个人品德　符合中华民族文化传统　尊重大众审美情趣和欣赏习惯　体态与节目的统一、语言与体态的和谐

3. 注重生活中的形象

良好的语言习惯、规范的体态语言　注意言谈举止的社会影响　尊重和保护好自己的职业形象和个人形象

六、口试内容和评判标准

（一）口试内容

1. 新闻播报。应试者面对镜头播报一条自己抽取的新闻稿。

2. 话题主持。应试者从不同栏目类型的话题中选择一题，面对镜头主持。

（二）口试标准

A级

1. 声音状态：

播报和主持节目时，发声状态积极、饱满、大气；声音运用松弛、自如、通畅；声音干净、明朗、圆润、大方。

2. 语音面貌：

播报和主持节目时，语音标准，声、韵、调准确无误；语音连贯、流畅；

吐字清晰、准确；语调自然。

3. 形象气质：

形象端正、大方，服饰、妆容、仪态、仪表符合广播电视职业规范。

4. 语言表达：

新闻播报：理解准确，感受具体，感情真挚，基调恰切；语言目的明确，停连重音准确，语句流畅，语气生动，分寸得当；语言表达时状态积极，与受众有真切交流，仪态自然大方；能准确鲜明的体现所播节目的基本形态和特征。

话题主持：导向正确，态度鲜明；内容充实，言之有物；能实现节目的播出目的。

思路清晰，逻辑感强；语言表述准确规范，符合广播电视语体特征和语境；语言表达顺畅，对象感、交流感强；语言运用生动、形象；现场反应积极、敏捷，表现富有个性，能体现栏目特色。

B 级

1. 声音状态：

播报和主持节目时，发声状态较积极、饱满、大气；声音运用较松弛、自如、通畅；声音较干净、明朗、圆润、大方。

2. 语音面貌：

播报和主持节目时，语音基本标准，声、韵、调基本准确，偶有失误；语音基本连贯、流畅；吐字基本清晰、准确；语调总体自然。

3. 形象气质：

形象、妆饰、仪态、仪表符合广播电视职业规范。

4. 语言表达：

新闻播报：理解正确，有一定感受；感情、基调基本恰切；语言目的基本明确，停连重音无明显失误；语气、分寸把握基本到位；语言表达时状态积极，语句顺畅，有一定的对象感，自然大方。

话题主持：导向正确，态度鲜明；内容比较充实具体；能基本实现播出的具体目的。

思路清晰，逻辑基本清楚；语言表述基本规范，符合广播电视语体特征和语境；语言表达基本顺畅，有一定的对象感、交流感；语言运用偶有词汇、语法等失误；现场反应积极，基本能体现栏目特色及个性。

第六章　附　则

第十六条　本大纲由国家广播电视总局全国广播电视编辑记者、播音员主持人资格考试委员会办公室负责解释。

主要参考书目

[1] 张颂.中国播音学［M］.北京：北京广播学院出版社，2003.

[2] 徐恒.播音发声学［M］.修订版.北京：中国传媒大学出版社，2012.

[3] 周殿福.艺术语言发声基础［M］.北京：中国社会科学出版社，1980.

[4] 徐世荣.普通话语音知识［M］.北京：文字改革出版社，1980.

[5] 叶蜚声，徐通锵.语言学纲要［M］.北京：北京大学出版社，2010.

[6] 林焘，王理嘉.语音学教程［M］.北京：北京大学出版社，1992.

[7] 黄伯荣，廖序东.现代汉语［M］.增订第4版.北京：高等教育出版社，2007.

[8] 张颂.播音创作基础［M］.第3版.北京：中国传媒大学出版社，2011.

[9] 张颂.朗读学［M］.第3版.北京：中国传媒大学出版社，2010.

[10] 张颂.朗读美学［M］.修订版.北京：中国传媒大学出版社，2010.

[11] 张颂.播音主持艺术论［M］.北京：中国传媒大学出版社，2009.

后　记

自2009年8月1日正式进入高校工作，转眼十余年倏忽而过。在这十余年间，因着人生的各种际会嵯峨，先后于四所高校任职。面对不同的当下学习需求与未来职业需求，不同院校的专业课程设置可能大相径庭，但是作为核心课程的"语音发声"却是"万变不离其宗"，因为有声语言是播音员主持人/语言艺术工作者最主要的"工具"，播音主持更是从业有门槛、考证有标准。但是，即便课程设置趋"大同"，但实际教学仍有"小异"，不同的学历层次需求不同，不同的职业要求不同，不同的方言影响纠偏方式不同，不同的言语习惯影响纠正方法不同，不一而足。这就需要教师既要有"道"，亦得有"术"，还需得"法"，如此才能洞见症结、指出路径且游刃有余。这本书就是我十多年来学习与教研的总结，其中既有理论的精讲，也有语料的精练，既有问题的呈现，也有方法的罗列，希望尽可能全面地架构播音主持语音发声学基本理论、教学法及训练法的系统，希望能带给学习者、教学者、研究者以一定的裨益。

数十年来，"语音发声"相关教材、专著层出不穷，就整个播音与主持艺术专业而言对此也积累了较为丰富的经验。但是，我们对于有声语言艺术的认知依然肤浅而模糊，我们对于有声语言传播的认知依然狭隘甚至跑偏，我们对于有声语言的训练距离高度科学化、普适化、规律化、规范化依然还有很长的路要走。"重文轻语"不是一个好传统。现下，从媒介融合、综艺节目中，我们喜见对于有声语言表达的重视，但是对于有声语言的审美追求依然"未动于衷"。创造美、欣赏美、享受美理应成为有声语言使用者尤其是示范者的共识。

本书署名虽为个人，但其中融汇着太多先辈、恩师的智慧，很多内容十多年来早已镂骨铭肌，成为我学习、教研路上笃信不移、始终受用的经典，在此致以深深的敬意与谢意！

感谢北京电影学院李雨洁同学用心绘制了书中图示，看似简单的线条与标注，只有真正做起来才知道其中的点滴不易，亦由衷感叹"术业有专攻"。

感谢中国国际广播出版社出版合作部敬业、乐业、专业的肖阳老师，感谢细致、耐心、严谨的各位编校老师，感谢他们为本书尽早付梓所付出的辛劳。

深望批评指正！

王秋硕

辛丑大寒，于三书屋